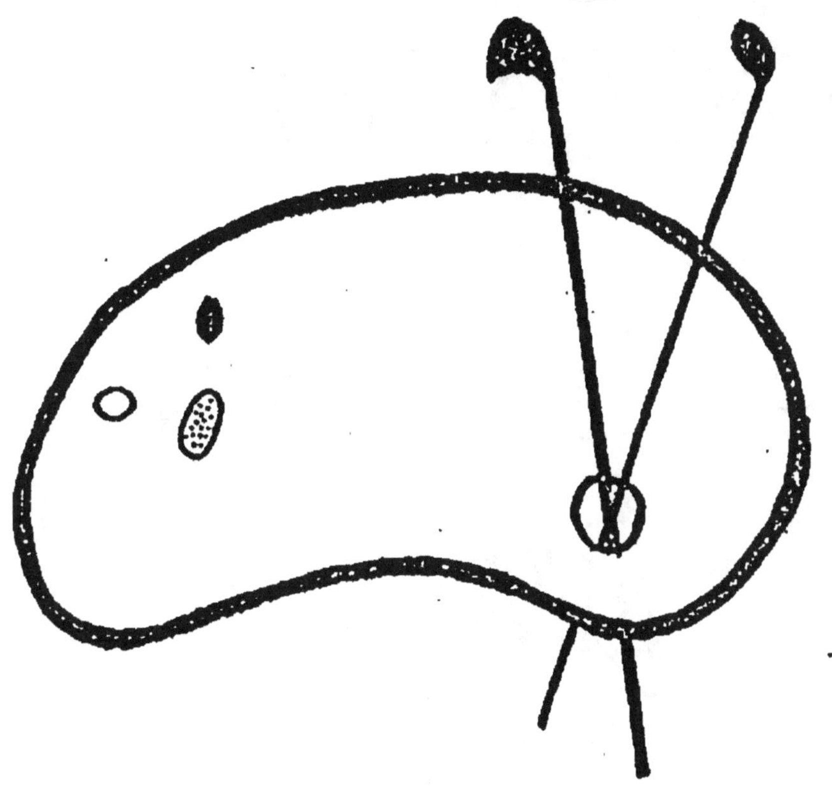

COUVERTURE SUPÉRIEURE ET INFÉRIEURE
EN COULEUR

ERREURS SCOLAIRES

PAR

E.-A. TARNIER

DOCTEUR DE LA FACULTÉ DES SCIENCES DE PARIS

ANCIEN EXAMINATEUR POUR L'ADMISSION A L'ÉCOLE MILITAIRE DE SAINT-CYR

DOYEN DE LA FACULTÉ DES SCIENCES A ANGERS

SOCIÉTÉ GÉNÉRALE DE LIBRAIRIE CATHOLIQUE

PARIS	BRUXELLES
VICTOR PALMÉ, DIRECTEUR GÉNÉRAL	J. ALBANEL, DIRECT. DE LA SUCCURS.
76, rue des Saints-Pères, 76	29, rue des Paroissiens, 29

GENÈVE

GROSSET ET TREMBLEY, LIBRAIRES-ÉDITEURS
4, rue Corraterie 4

1880

NOUVELLE BIBLIOTHÈQUE SCIENTIFIQUE A 3 FRANCS

Les Ignorances de la science moderne, par EUGÈNE LOUDUN. — 1 vol. in-12 de XII-283 pages.

Sous ce titre, M. Eugène Loudun présente un tableau très fidèle des incertitudes, des préventions, des contradictions même de ce que l'on appelle d'un titre pompeux et menteur la science contemporaine.

Le Darwinisme et l'Origine de l'homme, par l'abbé A. LECOMTE, docteur ès-sciences naturelles. 2e édition, considérablement augmentée. — 1 vol. in-12 de XIII-411 pages.

Les Causeries du docteur, par le Dr DEROUET. — 1 vol. in-12 de 332 pages.

NOUVELLE BIBLIOTHÈQUE HISTORIQUE A 3 FRANCS

La Question de Galilée, les faits et leurs conséquences, par HENRI DE L'EPINOIS. — 1 vol. in-12 de 332 pages.

La Société au treizième siècle, par A. LECOY DE LA MARCHE, professeur à l'Université catholique de Paris. — 1 vol in-12 de X-380 pages.

Albert le Grand et Saint Thomas d'Aquin, ou *la Science au moyen âge*, par l'abbé REINHARD DE LIECHTY, docteur en théologie et en droit canonique, chanoine honoraire de Nancy, etc., etc. — 1 vol. in-12 de II-252 pages.

Le Droit du seigneur au moyen âge, par LOUIS VEUILLOT. 3e édition, augmentée d'un *avertissement* et d'un *appendice*. — 1 vol. in-12 de XV-344 pages.

Études et Controverses historiques, par LÉON GAUTIER. — 1 vol. in-12 de VII-468 pages.

La Saint-Barthélemy et les Dernières Guerres de religion en France, leur caractère, leurs causes, leurs auteurs, par M. l'abbé LEFORTIER. 2e édition, revue et augmentée. — 1 vol. in-12 de 464 pages.

De la Révocation de l'Édit de Nantes, par LÉON AUBINEAU. — 1 vol. in-12 de XVIII-299 pages.

M. Augustin Thierry, son système historique et ses erreurs, par le même. 2e édition. — 1 vol. in 12 de LXII-416 pages.

ERREURS

SCOLAIRES

Paris. — E. de Soye et Fils, imp., pl. du Panthéon, 5.

ERREURS SCOLAIRES

PAR

E. A. TARNIER

DOCTEUR DE LA FACULTÉ DES SCIENCES DE PARIS

ANCIEN EXAMINATEUR POUR L'ADMISSION A L'ÉCOLE MILITAIRE DE SAINT-CYR

AUTEUR

D'UN COURS DE MATHÉMATIQUES PURES ET APPLIQUÉES

SOCIÉTÉ GÉNÉRALE DE LIBRAIRIE CATHOLIQUE

PARIS	BRUXELLES
VICTOR PALMÉ, DIRECTEUR GÉNÉRAL	J. ALBANEL, DIRECT. DE LA SUCCUR.
76, rue des Saints-Pères, 76	29, rue des Paroissiens, 29

GENÈVE

GROSSET ET TREMBLEY, LIBRAIRES-ÉDITEURS

1880

PREMIÈRE PARTIE

CHAPITRE PREMIER

GRAMMAIRE

ENSEIGNEMENT DIDACTIQUE

AVERTISSEMENT

Je m'empresse de déclarer que le titre un
peu hardi de : *Erreurs scolaires*, n'a rien qui
puisse porter ombrage aux maîtres et aux
auteurs. Je m'occupe des faits et non des
personnes. D'ailleurs, comme je fais aussi
partie du corps enseignant et que je suis loin
d'être infaillible, l'arme de la critique, mal
dirigée, pourrait bien se retourner contre
moi, et ce serait justice.

Je me suis particulièrement attaché aux
erreurs concernant l'*arithmétique primaire*,
ces erreurs me sont devenues familières par
suite des vingt et quelques années pendant
lesquelles j'ai fait partie du jury des examens
à la Préfecture de la Seine, sans compter les
fonctions dont j'ai été chargé par le Ministère

de la guerre pour l'admission à l'École militaire de Saint-Cyr.

Ayant beaucoup entendu, j'ai beaucoup appris.

Et cependant, pour prouver que je ne cherche à faire accepter mes idées que par la persuasion, j'ai consacré à la fin de l'ouvrage une note avec ce titre nouveau :

Le Critique Critiqué

C'est qu'en effet, je me suis volontairement soumis au jugement de l'un de nos meilleurs professeurs de mathématiques à Paris, et il en est résulté un petit dialogue qu'on lira avec intérêt. Bref, on sera pour ou contre moi, selon que l'on me donnera raison, ou que l'on me désapprouvera dans la discussion du pour et du contre que j'indique. Cette partie du livre contribuera peut-être à provoquer, de la part des professeurs et des auteurs, des *conférences pédagogiques*, sur les questions en litige qu'il serait bon de résoudre, surtout au moment où l'on s'occupe de la réforme des études. Le bien sortirait peut-être de cette espèce de tournoi scolaire. Pourquoi, par exemple, les *Grammairiens* ne chercheraient-ils pas à se mettre d'accord, après une discussion, de bon aloi, en présence d'un auditoire compétent, sur cette question fondamentale :

Combien de parties du Discours?

Selon les uns, c'est dix; selon les autres, c'est moins. Certes, voilà un sujet de conférence, à controverse, tout trouvé; si j'étais un grammairien, je n'hésiterais pas à descendre dans l'arène.

En ce qui concerne la seconde partie de l'ouvrage :

Erreurs vulgaires

Je me suis attaché à combattre les principales. Comment et depuis quand se sont-elles
infiltrées dans les différentes classes de la
société? je l'ignore.

Quant aux *préjugés*, la lecture des pages
que je leur ai consacrées (en utilisant certains
ouvrages, entre autres, *Dictionnaire de la
Conversation*, livre de J.-B. Salgues) sera, je
l'espère, pleine d'intérêt. On aime à voir
comment l'homme, quel que soit son génie,
a dû passer par l'erreur pour en venir, au
bout de plusieurs siècles, à découvrir en
partie la vérité. Mais combien il reste encore
à faire! Disons avec l'auteur de la *Mécanique
céleste*, le célèbre Laplace : « *Ce que nous
connaissons est peu de chose; ce que nous ignorons est immense.* »

Oui, il y a encore beaucoup de préjugés à faire disparaître. Raison de plus pour que les hommes de bonne volonté contribuent par leurs lumières à faire, de leur côté, ce que j'ai cherché à faire du mien, et cela dans l'intérêt du pays.

Ne négligeons rien pour replacer la France au rang qu'elle a momentanément perdu. Que le *Laboremus!* soit notre mot de rallie-ment, et nous réussirons.

ERREURS

SCOLAIRES

CHAPITRE PREMIER

GRAMMAIRE. — ENSEIGNEMENT DIDACTIQUE (1)

§ Ier. — Définitions

Nota. — Les phrases précédées d'un nombre, indiquent les *inexactitudes*, les *erreurs*. — Celles qui suivent, en petit caractère, sont consacrées à leur *rectification*.

1. La *Grammaire* est l'art de parler et d'écrire correctement.

---

(1) Ce chapitre n'a été imprimé qu'après avoir été soumis à M. Eman Martin si connu par son journal consacré à la langue française sous le titre de : *le Courrier de Vaugelas*. C'est dire que le Vaugelas de notre époque a perfectionné mon travail. Je l'en remercie bien cordialement.

La grammaire est plus qu'un art : c'est une *science*, celle du langage (1).

2. Les dix parties du discours : le *nom*, l'*article*, le *pronom*, le *verbe*, le *participe*, l'*adverbe*, la *préposition*, la *conjonction*, l'*interjection*.

Soit. Mais alors pourquoi mettre le *participe* au nombre des *modes du verbe*, et en même temps en faire l'une des dix parties du discours. Il faut opter. L'auteur de la *Nouvelle grammaire française*, M. Chassang, a été plus logique. « Je ne pouvais, dit-il, maintenir comme une des parties du discours, le *participe*, car le participe n'est qu'un *mode* du *verbe*, et il est rangé parmi les modes, même par les grammairiens qui, par une contradiction flagrante, en font une espèce distincte parmi les mots. »

Observation. — Il est bien à désirer que les grammairiens se mettent d'accord sur certaines questions en litige, entr'autres sur ce nombre des parties du discours. Le Dictionnaire de l'Académie ne pourrait-il pas trancher la difficulté? Les arithméticiens sont plus heureux : personne ne leur conteste leurs quatre règles fondamentales. Ajoutons

----

(1) La grammaire, du verbe et du nominatif,
Comme de l'adjectif avec le substantif,
Nous enseigne les lois.

(MOLIÈRE.)

en passant que les *règles pratiques* du calcul peuvent s'appliquer à tous les exemples auxquels ces règles se rapportent, tandis que les règles dites *générales* de la grammaire, comportent presque toutes plus ou moins d'*exceptions;* c'est ce qui en fait la principale difficulté. La conclusion est que l'arithmétique nous semble plus facile à enseigner que la grammaire.

3. Le nom *propre* est celui qui ne convient qu'à une seule personne ou à une seule chose.

Cette définition manque d'exactitude. 1° Le nom propre de Duguesclin, par exemple, appartient au père, aux fils, aux filles, aux petits-fils. 2° En géographie, au mot Aix, il y a Aix-la-Chapelle; Aix-les-Bains; Aix-en-Provence; puis, il y a l'île d'Aix.

On peut dire : le nom propre est celui qui est donné en particulier à une personne ou à une chose personnifiée, ou à une collection d'êtres, pour les distinguer des personnes ou des choses de même espèce.

4. Le *nom* ou *substantif.*

Le substantif désigne seulement les substances comme la *pierre*, le *fer*, etc., tandis que le nom désigne en outre les choses immatérielles, comme la *bonté*, la *douceur*, la *colère*, etc. Il ne faut donc pas identifier ces deux mots.

5. Il y a *quatre* espèces de substantifs ou noms : le substantif *propre;* le substantif *commun;* le substantif *composé;* le substantif *collectif.*

Il y a deux espèces de noms : le nom *propre* et le nom *commun.* Ces deux espèces de noms se subdivisent en noms *composés* et en noms *collectifs.*

6. L'adjectif *démonstratif* est celui qui sert à *démontrer.*

L'adjectif dit démonstratif sert à *montrer,* et non à *démontrer.* Il serait bon de changer ce mot de *démonstratif* qui convient bien, par exemple, à la géométrie (démontrer un théorème), et fort peu à la grammaire.

7. Le *pronom* est un mot qui tient la place du *nom.*

Pas toujours. *Avez-vous vu la nouvelle pièce qu'on a jouée à l'Odéon? Je l'ai vue.* Le pronom *l'* pour *la* ne tient pas la place du seul mot *pièce,* mais de ce mot accompagné de toutes ses modifications. *Voulez-vous que j'aille vous voir? Je le veux,* c'est-à-dire, *je veux que vous veniez me voir.* Les pronoms servent à éviter des répétitions qui seraient fastidieuses; ils répandent sur tout le discours plus de clarté, de variété et de grâce.

8. Le *verbe* marque l'*affirmation*.

C'est le cas le plus rare; où est l'affirmation dans le *conditionnel*, dans l'*impératif*, dans l'*infinitif*? Au lieu de cela, dites : le verbe est un mot qui exprime l'existence, l'état, la manière d'être du sujet, son action ou celle qu'il souffre.

9. Le verbe *impersonnel* ou verbe *unipersonnel* est celui qui ne se conjugue qu'à la troisième personne du singulier.

Unipersonnel signifie qui n'a qu'une personne. Or, dans il pleut, il grêle, quelle est la personne? *Impersonnel* veut dire qui n'a pas de personne; alors que faire de *il*?

10. Le *participe* est un *adjectif* dérivé du verbe.

Soit; mais alors faites-le sortir de la conjugaison des verbes, et faites-en seulement une des parties du discours. Le participe entre dans le verbe; dès lors, pourquoi n'entrerait-il pas dans la catégorie des adjectifs?

11. Pour trouver le *sujet* d'une phrase, faites la question *qui est-ce qui* pour les personnes, et *qu'est-ce qui* pour les choses.

Pour trouver le sujet, faites la question *qui* immédiatement placée devant le verbe. En effet, si vous faites la question *qui est-ce qui* pour les personnes, et *qu'est-ce qui* pour les choses, vous connaîtrez déjà le sujet puisque vous pouvez distinguer s'il s'agit d'une *personne*, ou bien d'une *chose;* et alors à quoi bon le chercher ce sujet?

12. La première personne a la priorité sur la seconde, et celle-ci sur la troisième.

Cela n'est pas exact. La première personne a la priorité sur les deux autres, et la seconde sur la troisième. D'après ce que l'on a l'habitude de dire, on ne prévoit pas le cas où la première et la troisième personne se trouvent ensemble. L'expression est donc fautive.

13. Le verbe *pronominal* est celui qui se conjugue avec deux pronoms de la même personne.

Dites : le verbe *pronominal* est celui dont le sujet et le complément représentent le même individu.

14. Le verbe *actif* est celui après lequel on peut mettre *quelqu'un* ou *quelque chose.*

Cette définition n'est pas exacte. Les verbes *paraître, sembler, devenir* seraient donc des verbes actifs puisqu'on peut dire : *paraître quelqu'un, devenir quelque chose*, et cependant ce sont des verbes *neutres*. Pour éluder la difficulté, commencez par définir le *complément direct*, puis, dites : le verbe actif est celui qui a un *complément direct*. Quant au *verbe*, c'est un mot qui affirme que l'on est, ou que l'on fait quelque chose.

15. Le *Radical* est la partie du mot qui ne change jamais.

Voilà une chose difficile à admettre. Il est vrai que le radical change peu, mais il est faux de dire qu'il est la partie invariable du mot. Les verbes comme *pouvoir*, *savoir*, *tenir*, *vouloir*, *boire*, etc., n'ont donc pas de radical, ou bien ce radical se borne-t-il à la première lettre?

16. L'*interjection* est une *aspiration* de l'âme.

Cette définition est incomplète. L'interjection est une partie du discours qui exprime les passions comme la douleur, la colère, la joie; c'est un mot que l'on jette, qui s'élance, pour ainsi dire, malgré nous et que les passions nous arrachent. Exemples : Oh ! hélas ! etc.

17. Le verbe *vouloir* n'a pas d'*impératif*.

Exemples du contraire : veuillez m'écouter, etc.

Observation. — Nous ne nous étendrons pas

davantage sur ce qui concerne les définitions, c'est-à-dire sur ce qu'il y a de plus délicat dans l'exposé d'une science quelle qu'elle soit. Nous en avons dit assez pour montrer la nécessité d'apporter quelques modifications dans l'enseignement didactique de la grammaire. Il est à peine besoin d'ajouter que quelques bons auteurs ont su éviter les écueils que nous venons de signaler. Ils sont trop connus pour que nous ayons besoin d'en parler.

§ II. — LOCUTIONS ET PHRASES VICIEUSES.
FAUTES D'ORTHOGRAPHE.

NOTA. — Que de fautes faites en parlant, et qu'on ne ferait pas en écrivant! Pourquoi cette négligence? Quant aux fautes de français, d'orthographe, relevées dans les écrits : livres classiques, journaux, discours à la tribune... elles sont malheureusement très nombreuses. Le but de ce paragraphe est de faire connaître les plus répandues.

18. Cela ressortit *de* tel ministère.

Dites : cela ressortit *à* tel ministère.

19. Les livres servent à autre chose qu'*à* l'amusement.

Les livres servent à autre chose *que* l'amusement.

20. Il monta dans *une* remise.

Il monta dans *un* remise.

21. Elle est venue sur *les* midi.

Elle est venue sur *le* midi.

22. Il *dort* sur ses lauriers.

Il *s'endort* sur ses lauriers.

23. Manifester sa *réjouissance*.

Manifester sa *joie*.

24. Il ne désire *rien moins* que de réussir.

Il ne désire *rien de moins* que de réussir.

25. Ils se sont enfuis *à seule fin* d'échapper à la justice.

Ils se sont enfuis *afin* d'échapper à la justice.

26. Ils *se suicideront* réciproquement.

Ils se *tueront* réciproquement.

27. Plus d'un persécuteur *montèrent* à cette époque sur l'échafaud.

1.

Plus d'un persécuteur *monta* à cette époque sur l'échafaud.

28. Il se trouvait quelques *cents* vaisseaux dans le port.

Il se trouvait quelques *centaines* de vaisseaux dans le port.

29. Je vous plains plus que vous m'outragez.

Je vous plains plus que vous *ne* m'outragez.

30. J'ai arraché *un* perce-neige.

J'ai arraché *une* perce-neige. (Petite plante à fleurs blanches qui fleurit en plein hiver. Pl. des *perce-neiges*.

31. Il fréquente les villes d'*eau*.

Il fréquente les villes d'*eaux*.

32. Les peines qu'on vient d'*éditer* contre la presse.

Les peines qu'on vient d'*édicter* contre la presse.

33. J'irai chez lui à moins qu'il vienne.

J'irai chez lui à moins qu'il *ne* vienne.

34. Il fait blanc de son épée.

Il *se* fait blanc de son épée. (Au besoin, consulter le *Courrier de Vaugelas*.)

35. Il *faut* mieux s'y prendre ainsi.

Il *vaut* mieux s'y prendre ainsi.

36. Je ne vous dis pas adieu mais *à revoir*.

Je ne vous dis pas adieu mais *au revoir*. (Revoir quoi? Faute très commune.)

37. Il *fut* à tel endroit.

Il *alla* à tel endroit. Le *Courrier de Vaugelas* établit (3ᵉ année, nᵒ 2), que l'un et l'autre sont bons.

38. Saigner *au* nez, ou saigner *du* nez.

Saigner *du* nez, seul français.

39. Il *fut* jusqu'à Rome implorer le Sénat. (Cor-NEILLE.)

Il *alla* jusqu'à Rome. (Voir note du nᵒ 37.)

40. *Remplir* un but.

Atteindre un but.

41. Tourner comme un *tonton*.

Tourner comme un *toton*.

42. Un *vessicatoire*.

Un *vésicatoire*.

43. *Un* armoire.

Une armoire.

44. *Une* astérisque. (Terme de typographie, signe ayant la forme d'une étoile.)

Un astérisque. (*Astre* est du masculin.)

45. *Une* angine *couanneuse*.

Une angine *couenneuse*. (Les mots ne s'écrivent pas toujours comme ils se prononcent, et vice versa. C'est là une des grandes difficultés de notre langue.)

46. La grande duchesse *douarière*.

La grande duchesse *douairière*.

47. Je reconnais que *j'ai été* trop loin.

Je reconnais que *je suis allé* trop loin. Le *Courrier*

de Vaugelas (8ᵉ année, p. 84), démontre que l'emploi de ces deux formes est permis.

48. *Une* rue *passagère.*

Une rue *passante.*

49. Un *spahis.*

Un *spahi* (des spahis).

50. Un *lévier.*

Un *évier* (pierre creuse qui a un trou pour faire écouler les eaux, et sur laquelle on peut laver la vaisselle. Le mot *levier*, sans accent sur l'*e*, indique une barre de fer pour soulever des fardeaux.

51. Le *combien* du mois.

Le *quantième* du mois.

52. J'en *deviens.*

Pour j'en *reviens* (1).

53. A la bonne *flanquette.*

(1) Une faute vulgaire qui a fini par disparaître est celle de *mairerie* pour *mairie.*

A la bonne *franquette*.

54. En *bandouillère*.

En *bandoulière*.

55. Ne pas *décesser* de parler.

Pour ne pas *cesser* de parler.

56. *Aréonaute*.

Pour *aéronaute* (*aréostat* pour *aérostat*).

57. Il *brouillasse*.

Pour il *bruine*.

58. *Percluc*.

Pour *percluse*.

59. *Excluse*.

Pour *exclue*.

60. Un salaire *rénumérateur*.

Un salaire *rémunérateur*.

61. *Bailler* aux corneilles:

Bayer aux corneilles.

62. Je vous *demande* excuse. Je vous fais mes excuses. Le *Courrier de Vaugelas* (5e année, p. 1, 2 et 3), démontre que *demander excuse* est une bonne expression.

63. *Fixer* quelqu'un.

Regarder quelqu'un *fixement*.

64. Il m'a *stupéfait*.

Il m'a *stupéfié*.

65. Aider quelqu'un pour aider à quelqu'un. Le *Courrier de Vaugelas* (8e année, p. 130), a démontré qu'il n'y a aucune différence entre ces deux constructions du verbe *aider*.

66. Une voix *clapissante*.

Une voix *glapissante*.

67. *Soupoudrer*.

Pour *saupoudrer*.

68. *Secoupe.*

Pour *soucoupe* (tasse qui se met *sous* la coupe).

69. « Cet avocat a menti, et de plus, il a menti *sciemment.* »

Le mot *sciemment* est de trop, puisque *mentir*, c'est parler contre la vérité connue.

70. Il m'agaçait tellement que j'ai fini par l'envoyer *promener*.

. . . . . Par l'envoyer se promener. Le *Courrier de Vaugelas* (3ᵉ année, p. 82), fait voir que, dans ce cas, le pronom peut très-bien se supprimer.

71. Cette personne de vingt ans a une figure charmante, mais elle a une affreuse *dentition*.

Remplacez *dentition* par *denture*.

72. Il a mal agi *vis à vis* de moi.

Il a mal agi *envers* moi.

73. Si je l'*eus* su.

Si je l'*eusse* su.

74. Ma femme ou mon fils *doivent* venir dîner avec moi.

Ma femme ou mon fils *doit* venir dîner avec moi.

75. Regarder *de* droite et *de* gauche.

Regarder *à* droite et *à* gauche.

76. Nous avons tellement *grandi* les moyens d'action de l'humanité...

Remplacez *grandi* par *agrandi*.

77. *Voilà* le péril et *voilà* le remède, et non dans d'irritantes polémiques...

Le péril et le remède sont *là* et non dans d'irritantes polémiques.

78. Il *sortit* son porte-monnaie de sa poche.

Il *tira* son porte-monnaie de sa poche.

79. J'ai fini par *savoir* les renseignements que je cherchais.

J'ai fini par *avoir* ou par *trouver* les renseignements, etc.

80. Toi qui, comme un coup de couteau,
Dans mon cœur plaintif *est* entrée.

Remplacez *est* par *es;* c'est la seconde personne.

81.   O Richard, ô mon roi,
L'univers t'abandonne
Sur la terre, il n'est que moi
Qui *s'intéresse* à ta personne!...

                       (SÉDAINE.)

Remplacez *s'intéresse* par *m'intéresse* (1).

82. Je ne vois que vous qui le *puisse* arrêter.
(CORNEILLE.)

Remplacez *puisse* par *puissiez.*

83. Il faudrait que vous *veniez.*

. . . . . Que vous *vinssiez.*

84. On m'a dit que vous *iriez.*

. . . . . . Que vous *irez.*

---

(1) *Moi* exige que le verbe soit à la première personne; *toi* à la deuxième; *lui* à la troisième.

         Moi qui *ai* de l'esprit,
         Toi qui *es* bête,
         Lui qui *est* stupide.

85. C'est l'homme que j'estime *davantage*.

. . . . . . Que j'estime *le plus*.

86. De crainte qu'il vienne.

De crainte qu'il *ne* vienne.

87. *Échapper* d'une maladie.

Réchapper d'une maladie.

88. Demander *à corps et à cris*.

Demander à *cor* et à *cri*. (Cor, petit instrument de chasse.)

89. Cette affaire est très pressée ; occupez vous-en *de suite*.

Remplacez *de suite* par *tout de suite*. Cette faute qui consiste à confondre *de suite* avec *tout de suite*, est très répandue.

90. Désagraffer.

Pour *dégrafer*.

91. Méditer *les* moyens de nuire.

Remplacez *les* par *sur*.

92. Je *lui ai* fait souvenir.

Je lui ai *rappelé.*

93. Ils se *revêtissent. Revêtissant.*

Ils se *revêtent. Revêtant.*

94. Je *m'en* vais vous parler.

Je *vais* vous parler.

95. Aussitôt mon arrivée.

Aussitôt *après* mon arrivée.

96. Un emploi *conséquent.*

Dites un emploi *important* (1).

97. Ce que vous venez de nous dire est *excessivement* intéressant.

Depuis quelque temps on abuse beaucoup de l'emploi de cet adverbe *excessivement.* Pourquoi cela?

98. Je n'en puis plus : je suis *courbaturé.*

______

(1) L'emploi du mot *conséquent* pour *considérable* est un barbarisme qui fut fatal à un député. Surnommé *conséquent,* il n'osa plus monter à la tribune tant il avait peur de la *roche tarpéienne,* voisine du *capitole.*

Courbaturé ainsi que l'infinitif *courbaturer* se trouvent dans le Dictionnaire de Littré, sans être signalés comme mauvais termes.

99. Donnez-moi un *estrapontin*.

. . . . . Un *strapontin*.

100. Oui, je *m'en* rappelle.

Oui, je *me le* rappelle.

§ III. — Questions d'examen

101. Quelle différence faites-vous entre les mots *oiseleur* et *oiselier ?*

L'*oiseleur* est celui qui fait le métier de prendre des oiseaux, tandis que l'*oiselier* est celui qui les élève et les vend.

102. Quelle différence faites-vous entre *coasser* et *croasser ?*

Coasser se dit du cri de la grenouille, tandis que *croasser* se dit du cri du corbeau. La Fontaine a confondu l'un avec l'autre.

103. Les mots *railler* et *rallier* ont-ils le même sens?

Non; le premier verbe signifie plaisanter, badiner, se moquer, critiquer..., tandis que le second signifie rassembler, réunir, adhérer.

104. Quelles sont les deux orthographes du mot *boulevard?*

Boulevard. Boulevart. La première est plus usitée que la seconde. (On dit boulevardier et non boulevartier.)

105. De quel genre est le mot *amulette?*

Du masculin, mais beaucoup le font du féminin à cause de la terminaison *ette.* (*Courrier de Vaugelas,* 7ᵉ année, p.79.)

106. De quel genre est cyclône?

Du masculin. (*Un cyclône.*)

107. Peut-on dire indistinctement *autant que possible*, et *autant qu'il est possible?*

Oui, l'ellipse de *il est* se pratique souvent dans cette expression.

108. Peut-on dire indistinctement *vendre à bon marché*, et *vendre bon marché?*

Oui.

109. Peut-on dire indistinctement : du moment *que*, du moment *où?*

Non.

110. Peut-on dire indistinctement c'est ici *que* je demeure; c'est ici *où* je demeure?

Non; dites : c'est ici que... Un *que* doit suivre *c'est* dans cette phrase où il y a inversion.

111. Faut-il dire : de guerre *lasse* ou de guerre *las ?*

De guerre lasse. (L'explication est donnée dans le *Courrier de Vaugelas*, 1re année, p. 93.)

112. Peut-on dire : *je suis monté en chemin de fer ?* idem j'ai *manqué le chemin de fer ?*

Non; le chemin de fer est une *voie* et non une *voiture.* Il faut dire : je suis monté en *wagon.* J'ai manqué le *train.*

113. Peut-on écrire indistinctement *crémaillère* et *crémaillière?*

Non; le premier seul est français.

114. Peut-on écrire indistinctement *cotret* et *coteret?*

Non; le second mot n'est pas français.

115. De quel genre sont les mots *écritoire, patère, épigramme, disparate, réglisse?*

Tous sont du féminin.

116. Faut-il dire *un après-midi* ou *une après-midi?*

Une après-midi.

117. Faut-il dire à *midi précise* ou à *midi précis?*

A midi précis.

118. De quel genre sont les mots *emplâtre, épiderme, esclandre, atmosphère, platine?*

Tous du masculin, à l'exception du dernier qui est des deux genres. (Le *platine*, métal; la *platine* d'une machine pneumatique.)

119. On demande à une femme si elle est malade. Doit-elle répondre : je *le* suis ou je *la* suis?

Je *le* suis. (Êtes-vous *la* malade dont on m'a parlé? Oui je *la* suis.)

120. Peut-on dire indistinctement *cou-de-pied*, et *coude-pied* pour désigner la partie supérieure du pied?

Non; *cou-de-pied* seul est bon.

121. Peut-on dire *casuel* pour *fragile?*

Non.

122. Peut-on dire *angoises* pour *angoisses? lincueil* pour *linceuil? comparition* pour *comparution? darte* pour *dartre?*

Non.

123. Peut-on dire : je *vous observerai* pour *je vous ferai observer?* D'ici *le* 15 mars, pour d'ici *au* 15 mars?

Non. La seconde expression est bonne.

124. Peut-on dire indistinctement : il *fut* à tel endroit; il *alla* à tel endroit?

Oui.

125. On dit : la *rue Bonaparte* et la rue *de Choiseul.* — Pourquoi *de* dans le second cas? Est-ce une faute de nos édiles, ou bien y-a-t-il une règle?

C'est parce-qu'il y a une règle.

126. Rectifiez les expressions : Si je *fusse* arrivé. Si j'*eusse* appris cela plus tôt.....

Si j'*étais* arrivé...; si j'*avais* appris cela plus tôt. Ces expressions sont toutes bonnes.

127. Les mots *moine* et *cénobite* ont-ils un sens conforme à leur étymologie.

Non, *moine* (*monos*) signifie seul, et le moine est un religieux qui vit dans une communauté. Le *cénobite* (*cœnobium* ; couvent) loin de vivre en communauté, est un homme qui vit dans la solitude.

128. Que pensez-vous des deux rédactions mortuaires suivantes, à propos d'une personne décédée que l'on regrette beaucoup?

1° Elle *emporte* les regrets les plus profonds de ceux qui l'ont connue.

2° Elle *laisse* les regrets les plus profonds à ceux qui l'ont connue?

Nous laissons au lecteur le soin de faire la réponse.

129. Quand écrivez-vous *la* sans accent et *là* avec un accent?

Là adverbe, seul ou en composition, prend l'accent. *La*, article ou pronom s'écrit sans accent (1).

130. Comment prononcez-vous le mot *envergure?*

Avec un *g* dur.

131. Quand écrivez-vous *fatigant* et *fatiguant?*

1° Adjectif verbal? *fatigant;* 2° participe présent? *fatiguant.*

132. Les verbes de la première conjugaison sont terminés par un *e* muet lorsqu'ils sont à la seconde personne du singulier de l'impératif; sont-ce les seuls verbes qui soient dans ce cas? Généralement, on le croit. Est-ce exact?

Non, puisqu'il y en a dans la seconde conjugaison qui ont aussi cette finale; exemples : *ouvrir, offrir, cueillir,* qui font *ouvre, offre, cueille.*

133. Les verbes qui ont le participe présent

____

(1) Trois sortes de questions : *là* accent grave; *la* sans accent; *l'a* avec apostrophe.

terminé par *yant*, ont-ils tous un *y* et un *i* à la première et à la seconde personne du pluriel du subjonctif. Généralement, on dit oui. Est-ce exact?

Non; ainsi le verbe *avoir*, participe présent *ayant*, fait au subjonctif présent que nous *ayons*, que vous *ayez*.

134. Est-il vrai de dire que les verbes pronominaux essentiels se conjuguent toujours avec deux pronoms de la même personne, comme on le pense généralement?

Non, car dans certains cas, on les trouve sous la forme ordinaire, par exemple avec le verbe faire : *je l'en ferai repentir. Faites-moi souvenir de cette affaire.*

135. *Malgré que* est-il toujours français?

Non; comme cette locution conjonctive signifie *quoique*, elle ne doit être employée qu'avec le verbe *avoir*. Malgré que j'en aie. Malgré qu'il en ait.

136. Est-il permis de confondre les deux verbes *résilier* et *résigner* ?

Non. On dit *résilier* un bail, et *résigner* un office, un bénéfice, etc.

137. Est-il permis de dire il *en impose* pour il est *imposant ?*

Non ; il en impose se dit d'un imposteur.

138. Dois-je écrire : son bonheur et sa vie *attachés* au succès ?

Non ; remplacez *attachés* par *attachée.*

139. Dois-je écrire : Il a le cœur et la bouche *ouverts* à vos louanges ?

Non ; remplacez *ouverts* par *ouverte.*

140. Que pensez-vous des trois expressions :

> Au fur et à mesure,
> A fur et à mesure,
> A fur et mesure ?

Elles sont grammaticales ; mais la dernière semble la plus régulière. (Voir *Courrier de Vaugelas,* 2ᵐᵉ année, p. 156.)

141. Doit-on dire chat *angora* ou chat *angola ?*

Chat angora.

142. Faut-il écrire *après-dîner* ou *après-dînée ?*

On écrit généralement *après-dînée*, *après-soupée*.

143. Quelle est la signification du mot *plus?* Qu'indique cet adverbe quand il est précédé de l'article, le, la, les (1)?

Il exprime le superlatif.

144. Combien les vers français ont-ils de syllabes?

1, 2, 3, 4, 5, 6, 7, 8, 9, 10, 11, 12 syllabes (2).

---

(1) *Plus* de douceur que de beauté,
Me semble aux femmes nécessaire.
Plus d'éclat que de vérité
Dans un auteur ne me plait guère.
Pour être heureux, il faut avoir
Plus de vertu que de savoir,
Plus d'amitié que de tendresse,
Plus de conduite que d'esprit,
Plus de santé que de richesse,
Plus de repos que de profit.
       (PANARD.)

(2) Exemples de chaque cas.

  On y voit (à Paris) des commis
    Mis
   Comme des princes,
   Après être venus
    Nus
  De leurs provinces.
       (PANARD.)

145. La langue française possède-t-elle un mot pour exprimer une rencontre de sons désagréables, comme lorsque, par exemple, plusieurs personnes parlent toutes à la fois?

L'espace
Efface
Le bruit.
>   (Victor Hugo.)

Les quadrilles,
Les chansons,
Mêlent filles
Et garçons.   (V. H.)

Les djinns funèbres,
Fils du trépas,
Dans les ténèbres
Pressent leurs pas.   (V. H.)

Dans ces prés fleuris
Qu'arrose la Seine,
Cherchez qui vous mène
Mes chères brebis.
>   (Deshoulières.)

Les compagnes de Flore
Parfument ces coteaux;
Une nouvelle aurore
Semble sortir des eaux.   (Desh.)

Les cieux instruisent la terre
A révérer leur auteur;
Tout ce que le globe enserre
Célèbre un Dieu créateur.
>   (J.-B. Rousseau.)

Oui, c'est *cacophonie*.

146. Possède-t-elle un mot pour exprimer l'inverse de *cacophonie?*

Non (1).

Un ange au radieux visage,
Penché sur le bord d'un berceau,
Semblait contempler son image
Comme dans l'onde d'un ruisseau.

(REB.)

Chez les amis, tout s'excuse, tout passe;
Chez les amants, tout plait, tout est parfait;
Chez les époux, tout ennuie et tout lasse;
Le devoir nuit : chacun est ainsi fait.

(LA FONTAINE.)

Mes arcs, mes javelots, mon char, tout m'importune;
Je ne me souviens plus des leçons de Neptune;
Mes seuls gémissements font retentir les bois,
Et mes coursiers oisifs ont oublié ma voix.

(RACINE.)

(1) Il est vraiment étonnant que notre langue qui est pourtant celle de la clarté, de la raison, de la logique, de la richesse, soit ici en défaut : Il y a un mot pour exprimer une chose mauvaise et il n'en existe pas pour exprimer, en sens inverse, son corrélatif? Cela ne se comprend pas. Comme dans mon petit livre : *L'Asile et l'École, comprenant le calcul mental* (1), j'ai eu besoin d'inventer ce mot, j'ai introduit le plus simple et le plus naturel : *orthophonie.* (*Ortho* pris dans orthographe; *phonie* pris dans *cacophonie*).

(1) Librairie Delalain.

CHAPITRE II

ARITHMÉTIQUE

CHAPITRE II

ARITHMÉTIQUE ÉLÉMENTAIRE

PRÉAMBULE. — De toutes les branches de l'enseignement primaire, celle qui est le plus en souffrance, est sans contredit l'*arithmétique*. — Comme ici il faut plus de raisonnement que de mémoire, et que, en général, c'est la mémoire qui a la priorité, les élèves (surtout les jeunes filles), sont pris au dépourvu, dès qu'on leur fait la plus petite objection, dès qu'on les tire de leur *Manuel*, ainsi que le constatent les *concours* et les *examens*.

Puis, comment voulez-vous que les enfants, au début de leurs études, ne prennent pas en aversion les *leçons de calcul* lorsqu'on fait tout ce qu'il faut pour la leur inspirer, ainsi que je me suis attaché à le démontrer dans le petit livre cité au numéro 146. (1) Puisse ce livre! puisse aussi le relevé qui suit de ce que j'ai recueilli dans mes interrogations et dans celles de mes collègues, contribuer à faire cesser des plaintes telles que celle-ci : « *on ne sait pas l'arithmétique.* »

145. ON NE PEUT COMPTER QUE DES CHOSES DE MÊME ESPÈCE.

Voilà ce qui se dit dès le commencement. A mon avis, cela est faux. Rien n'est plus contraire à la pratique. Comment, je ne peux pas compter des *pommes* très dissemblables, ou d'une espèce très différente? des *poires* d'une espèce aussi très différente? Des pommes et des poires, ni comme pomme ni comme poire, mais comme *fruits*, attribut commun, que je prends pour *terme de comparaison?* Comment, je ne peux pas compter des *roses* d'espèce différente? des *œillets* d'espèce différente? des roses et des œillets comme *fleurs?* du *plomb*, du *fer*, du *platine* comme *métaux?* des *étoiles* et des *planètes* comme *astres?* En un mot des objets très divers, mais ayant une qualité commune prise pour *unité?*

Puis, voyez la contradiction. Quand, plus tard,

------

(1) Librairie Delalain. La première partie est consacrée à la substitution du *concret* à l'*abstrait;* la seconde au *calcul mental.*

arrive l'addition des fractions, celle, par exemple, des fractions $\frac{2}{3}$ et $\frac{3}{4}$, que dit l'élève d'après le maître?

Je commence par les « *réduire au même dé-nominateur.* » La première vaut $\frac{8}{12}$; la seconde vaut $\frac{9}{12}$; leur total est donc $\frac{17}{12}$.

Eh bien, j'en fais juge le lecteur. L'élève n'a-t-il pas compté les *tiers* et les *quarts*, ni comme tiers ni comme quarts, mais comme *douzièmes?* Sa réduction au même dénominateur, c'est-à-dire à la même *dénomination*, ne correspond-elle pas à la dénomination de *fruit* pour compter des pommes et des poires? En un mot, n'a-t-il pas compté des choses dissemblables, d'espèce différente? Oui. Dès lors, comment se fait-il, que le même fait soit possible et impossible? N'est-ce pas là le renversement du bon sens? Ah! si vous posiez la question : Combien font 2 mètres et 3 mètres carrés? Comme en fait d'arithmétique primaire, il n'y a pas, dans la pratique, de terme de comparaison entre une grandeur qui n'a qu'une dimension, et une autre qui en a deux (1), l'enfant (que l'on ne peut pas cher-

---

(1) On objectera peut-être que 2 choses et 3 choses, n'importe lesquelles font 5 *êtres.* Mais laissons de côté l'école de Platon, nous sommes à l'école primaire.

cher à initier aux subtilités de la métaphysique), devra dire : cette addition est impossible parce que 2 et 3 font 5 ; mais 5 quoi? je n'en sais rien ; donc je ne peux pas faire opération faute d'une unité commune.

A cette occasion, disons que les seuls nombres susceptibles d'être *ajoutés* ou *soustraits* sont ceux qui désignent des *choses de même nom*. Quel est ce nom? Quelle est *l'unité?* c'est au calculateur à la trouver.

146. Définition. — On appelle *nombre* la *réunion* de plusieurs choses de même espèce.

Ici, les mots *réunion*, *plusieurs*, sont synonymes de nombre. C'est donc vouloir définir un mot par ce mot lui-même, ce qui est fort peu logique. Il en est de cette définition du nombre comme de celle-ci de la lumière :

« On appelle *lumière* le mouvement *luminaire* d'un corps *lumineux*. »

Définir le nombre avant l'exposé d'une partie de l'arithmétique, c'est avoir la prétention de vouloir faire ce que Pascal, géomètre et philosophe, avoue être, pour lui, une chose impossible :

« On trouvera peut-être étrange, dit l'auteur du *Livre des Pensées*, que la géométrie ne puisse définir aucune des choses qu'elle a pour principaux objets. Car elle ne peut définir ni le *mouvement*, ni le *nombre*, ni l'*espace*, et cependant ces trois choses sont celles qu'elle considère particulièrement, et selon la recherche desquelles elle prend les trois différents noms : *Mécanique*, *Arithmétique*, *Géométrie*, ce dernier nom appartenant au genre et à l'espèce.

Mais, on n'en sera pas surpris si l'on remarque que cette admirable science ne s'attachant qu'aux choses les plus simples, cette même qualité qui les rend dignes d'être ses objets, *les rend incapables d'être définies*, de manière que *le manque de définition est plutôt une perfection qu'un défaut*, parce qu'il ne vient pas de leur obscurité, mais au contraire de leur extrême évidence. »

Oui, l'idée de *l'unité*, de la *pluralité*, c'est-à-dire du *nombre*, est une *idée naturelle*, se suffisant d'abord à elle-même, mais qui plus tard s'étend, se *généralise* au fur et à mesure que l'on avance en mathématiques. Donc, au début, soyons sobres en matière de définitions; pas de ces prolégomènes accumulés, qui imposent aux commençants des efforts de mémoire bien inutiles : « *allez en avant*, a dit le philosophe, *et la foi vous viendra*. » Ne perdons pas de vue ces grandes vérités, si nous tenons à faire des élèves véritablement sérieux.

147. Un nombre est CONCRET quand il désigne l'espèce des unités.

La distinction que l'on faisait autrefois dans la vieille scolastique, entre le nombre *abstrait* et le nombre *concret*, vivement critiquée, combattue par Condillac (langue des calculs), a fini par être extirpée de l'enseignement *secondaire* (1); mais malheureusement, à moins d'une mesure extraordinaire il me paraît difficile d'en débarrasser l'enseignement *primaire*.

Pourquoi dire, par exemple, que 3 francs est un nombre concret? Est-ce que 3 francs ne signifie pas 3 fois 1 franc? quel est le *répétiteur?* C'est 3; voilà véritablement le nombre. Quant à 3 francs, c'est une grandeur ou une valeur monétaire. Si j'ai à additionner 2 francs et 3 francs, sont-ce les francs qui vont entrer dans le calcul? Non; ce sont les répétiteurs 2 et 3. Sont-ce les grandeurs elles-mêmes qui sont soumises aux opérations numériques? Non, comment voulez-vous, par exemple, que les astronomes, quelqu'habiles qu'ils soient, fassent entrer les étoiles dans leurs calculs? Quand on dit que *l'arithmétique est la science des nombres,* c'est que le mot nombre est entendu comme je

---

(1) Ainsi que le prouvent les traités actuels d'arithmétique des professeurs des lycées.

viens de le dire. Le nombre passe progressivement par des phases diverses : nombre *entier*, nombre *fractionnaire*, nombre *décimal*, nombre *complexe* nombre *positif*, nombre *négatif*, nombre *réel*, nombre *imaginaire*.

Ce n'est pas tout : nous avons encore une contradiction à relever; 3 francs, dites vous, est un nombre *concret*. Soit. Je vais vous prouver que, plus tard, vous dites qu'il est *abstrait*. Oui, c'est lorsque vous dites que le nombre est un *Rapport*, celui de la grandeur à son unité. Or, quel est le rapport de 3 francs à 1 franc? C'est le quotient de la division de 3 francs par 1 franc.

$$\text{Dividende 3 fr.} \ \left|\begin{array}{l} \text{1 fr. diviseur} \\ \hline \text{3 quotient} \end{array}\right.$$

En 3 francs combien de fois 1 franc? il y est 3 fois. Vous entendez : 3 fois. Est-ce que, par hasard, 3 fois est concret? Est-ce que dans la division précédente, la dénomination commune : *franc* n'a pas disparu?

$$\frac{3 \text{ fr.}}{1 \text{ fr.}} = 3$$

$$\frac{3 \text{ grammes}}{1 \text{ gr.}} = 3$$

$$\frac{5}{12} : \frac{3}{12} = \frac{5}{3}$$

Etc., etc.

Ainsi, chose singulière, à une certaine époque de l'année (au commencement), il y a des nombres concrets; puis, plus tard, il n'y en a plus. Que sont-ils donc devenus? Comprenne qui pourra!...

Quant aux quatre règles, voyez la complication; il faut faire la distinction des deux cas. Soit l'addition : 1° les nombres sont abstraits; 2° ils sont concrets. Dans ce dernier cas, dit-on à l'élève, les nombres doivent être *de même espèce*. Mais, cependant 2 pommes $+$ 3 poires $=$ 2 fruits $+$ 3 fruits $=$ 5 fruits; quelle est l'espèce? Cela ne peut être que le fruit; donc, d'après ce que vous dites maintenant, l'opération est possible, et vous avez commencé par nous dire qu'elle ne l'était pas.

Autre addition :

$$3 \text{ mètres carrés}$$
$$2 \text{ ares}$$
$$7 \text{ hectares}$$
$$8 \text{ kilomètres carrés.}$$

Voilà des quantités de même espèce, des superficies, et cependant, contrairement à ce que vous dites, pour les additionner une préparation préalable est nécessaire : Il faut les *réduire à la même dénomination*. Soit *l'hectare*. Et alors, l'addition devient :

$$
\begin{array}{r}
7 \text{ hectares} \\
800 \\
0,02 \\
0,0003 \\
\hline
807,0203
\end{array}
$$

S'agit-il de *fractions ordinaires?* Comme ici il y a une infinité de dénominateurs communs, on a raison de préférer, en général, le plus simple de tous. (Théorie du plus petit commun multiple.) Eh bien, dans tout cela, ai-je besoin de parler des nombres concrets? Non.

La complication est encore plus grande pour la *multiplication* et la *division*, quand on admet les nombres concrets, qui imposent l'emploi des mots : *espèce*, *nature*, fort difficiles à définir.

Conclusion. — A mon avis, ne pas faire la distinction du *nombre abstrait* et du *nombre concret*.

148. Le zéro est un chiffre insignificatif.

Quelle faute!... Pourquoi confondre deux idées différentes!... Comment, le zéro n'a pas de signification parcequ'il n'a pas de valeur numérique par lui-même?

Ainsi, voilà que les *mathématiques* reposent sur ce qui ne signifie rien. Est-il possible de bouleverser les choses à ce point! Si le zéro était insignificatif, à coup sûr, il ne figurerait pas en arithmétique. Il est si peu insignificatif, que l'on ne peut pas s'en passer. Cela est si vrai, c'est que dans la *théorie des différents systèmes de numération*, 0 et 1 sont les deux caractères à employer dans le *système binaire*.

Cette faute m'a suggéré une idée dont j'ai profité. Dans mon Petit traité d'Arithmétique (9ᵉ édition), je me suis attaché à mettre en évidence les *nombreux usages du zéro*. En général, on se contente de dire aux élèves qu'il sert à tenir la place des unités qui manquent dans l'écriture d'un nombre. Cela est très insuffisant. J'ai bien insisté sur ce que sans le zéro, la règle de la multiplication, de la division des *nombres décimaux*, ne serait pas générale. C'est la meilleure manière de relever la faute.

149. EXAMEN CRITIQUE DE LA MULTIPLICATION RAISONNÉE.

Les partisans de la méthode qui consiste à *aller du général au particulier*, obligent l'enfant à apprendre par cœur la définition magistrale :

« Multiplier un nombre par un autre, c'est cher-
« cher un nombre appelé produit qui se COMPOSE
« avec un nombre appelé multiplicande, comme
« un autre nombre appelé multiplicateur se COM-
« POSE avec l'unité. »

Les mathématiciens philosophes tels que Descartes, Pascal, Lagrange, etc., disaient tout simplement :

Multiplier c'est *répéter*. Mais, pour les novateurs, ce langage est trop simple.

Si encore ladite définition était donnée après la *division*, on serait peut-être en état de faire comprendre aux élèves ce que l'on doit entendre par *composer deux nombres l'un avec l'autre*. Dans le cas actuel, comme le reconnaît M. Saigey, la définition n'est qu'une *proportion dissimulée :*

Le Produit est au Multiplicande comme le Multiplicateur est à l'Unité :

Par abréviation P : M :: m : 1

$$\text{ou} \quad \frac{P}{M} = \frac{m}{1}$$

Or, que représente $\frac{P}{M}$? une *division*, c'est-à-dire une opération qui, d'après l'enseignement didactique, n'est pas encore connue. Ce genre de faute est tellement gravé, que, en logique on l'appelle un *cercle vicieux*. Il y a plus, demandez au commençant, combien, d'après sa définition, il y a de nombres à considérer dans la multiplication il vous répondra *trois*, alors qu'il y en a *quatre ;* il ne vous nommera pas *l'unité* qui, dans

3.

le cas actuel, doit par extension être considéré comme un nombre. Ce n'est pas tout, soit la multiplication suivante :

$$
\begin{array}{r}
684 \\
32 \\
\hline
1368 \\
2052 \\
\hline
21888
\end{array}
$$

N'emploirez-vous pas le mot *répéter* pour raisonner cette opération? Cela est si vrai, c'est que beaucoup d'auteurs, après avoir donné la définition générale, ajoutent naïvement : Cependant, si le multiplicateur était un nombre *entier*, cela reviendrait à *répéter* le multiplicande autant de fois qu'il y a d'unités dans ce nombre entier. De cette façon, l'enfant, a deux définitions; que voulez-vous qu'il en fasse, puisque vous avez commencé par lui dire que la première convenait à tous les cas? Attendez donc que l'on en soit à la multiplication d'un nombre par une *fraction*, ou par un *nombre fractionnaire*, pour généraliser, tout à la fois, l'idée du nombre et celle de la multiplication.

Allons plus loin; pénétrons plus profondément dans la discussion de la question, et montrons par un exemple, avec quelle circonspection il faut donner une définition générale, entre autres celle de la multiplication. Un auteur d'algèbre a dit : « *Pour avoir le produit de deux quantités, faites subir à la première les mêmes opérations qu'il a fallu faire subir à l'unité pour avoir la seconde.* »

De prime abord, il semble que cette définition est générale, et cependant elle va nous conduire à une absurdité.

Exemple. Quel est le produit de 25 par $\sqrt{4}$?

Pour avoir $\sqrt{4}$, il faut prendre *l'unité* 4 fois, puis extraire la racine carrée du résultat; par suite, conformément à la définition, je répète 25 4 fois, ce qui fait 100; et j'extrais la racine carrée de ce produit, ce qui fait 10; en conséquence,

d'une part :

$$25 \times \sqrt{4} = \sqrt{25 \times 4} = \sqrt{100} = 10$$

or,

$$\sqrt{4} = 2;$$

donc, d'autre part :

$$25 \times \sqrt{4} = 25 \times 2 = 50$$

et, comme (axiome) deux choses séparément égales à une troisième sont égales entre elles, on a l'égalité :

$$10 = 50$$

diminuant les deux nombres de 10, ce qui est permis d'après un autre axiome, on a finalement l'égalité :

$$0 = 40$$

Eh bien ! le jour où *zéro* sera *égal à un nombre différent de zéro*, il n'y aura plus de mathématiques.

De cette discussion concluons, dans l'intérêt des élèves, que les définitions générales doivent être données le plus tardivement possible, et non ex-abrupto, par anticipation (1).

CONCLUSION. — A mon avis, jusqu'à nouvel ordre, dites que : multiplier, c'est répéter, et vice versâ.

150. RÈGLE. — *Pour multiplier un nombre entier par* 10, AJOUTEZ *un zéro à ce nombre.*

Application. $7 \times 10 = 7 + 0 = 7$
D'autre part : $7 \times 10 = 70$
Conséquence : $7 = 70$
Par suite : $0 = 63$

N'allez pas croire que ce soit là une question spécieuse, une chicane d'examen. Non. Combien de fois ne me suis-je pas assuré, par moi-même,

____

(1) Tous mes ouvrages sont rédigés dans cet esprit.

que de la confusion des mots naissait la confusion des idées! Que l'élève en vienne à confondre ajouter avec multiplier, c'est-à-dire *l'addition* avec la *multiplication*, il ne tardera pas à confondre aussi la *soustraction* avec la *division;* et alors plus tard, il vous dira que : *une fraction ne change pas de valeur quand on* DIMINUE *les deux termes d'un même nombre.* Puis, quand il rencontrera une expression telle que :

$$x = \frac{3 \times 7}{3 \times 11}$$

et, qu'après avoir *barré* haut et bas le facteur 3, vous lui demanderez le chiffre qui prend la place du facteur commun, il vous dira que zéro est ce chiffre; en sorte que la fraction deviendra :

$$x = \frac{0 \times 7}{0 \times 11} = \frac{0}{0}$$

Dès lors, comment répondra-t-il aux questions soulevées par le symbole algébrique $\frac{0}{0}$? On ne saurait trop le répéter : exigez que les élèves emploient les vrais mots techniques, et ne craignez pas de leur répéter souvent que chacune des quatre règles a son caractère propre, sa nomenclature propre, et que ce sont précisément ces quatre nomenclatures qui servent à les différentier, c'est-à-dire à les distinguer les unes des autres. Ainsi, ne laissez pas dire les *facteurs* d'une somme; les *parties* d'un produit, etc.

L'implacable logique des mathématiques ne saurait admettre un pareil langage.

151. Pour multiplier l'un par l'autre deux nombres entiers terminés par des zéros, commencez par *retrancher* les zéros qui sont dans ces nombres; puis au produit obtenu des deux nouveaux nombres, *ajoutez* autant de zéros que vous en avez retranchés.

Cet énoncé qui figure dans certains livres, est le type du mauvais langage dont je parle : 1° on confond : *soustraire et diviser*; 2° on confond : *ajouter et multiplier*.

Exemple :

$$\begin{array}{rr} \text{Soit} & 384\ 000 \\ \text{à multiplier par} & 32\ 000 \\ \hline \end{array}$$

Conformément à la règle ci-dessus, j'opère comme il suit :

$$\begin{array}{lr} \text{de} & 384\ 000 \\ \text{j'ôte} & 000 \\ \hline \text{et j'ai} & 384\ 000 \end{array}$$

de	32 000
j'ôte	000
et j'ai	32 000
après quoi, j'ai à multiplier	384 000
par	32 000

Et c'est précisément ce que l'on me demande. Il est vrai que l'élève trouve 12 288 000 000 mais, en rectifiant, sans trop s'en douter, ce qu'il y a de mauvais dans l'énoncé. Il fait de l'ordre avec du désordre, procédé qui ne réussit pas toujours.

152. ERREURS CONCERNANT LA DIVISION. — Disons d'abord, qu'en général, la théorie de cette opération est exposée d'une manière beaucoup trop compliquée pour les élèves.

Cela tient encore au système pédagogique qui consiste à aller *du général au particulier*, c'est-à-dire du *difficile au facile*. Ainsi, des trois définitions de la division, qu'il faut faire connaître *dès le début*, on prend très souvent la dernière (la plus abstraite), pour point de départ : *Connaissant un produit et l'un de ses facteurs, trouver l'autre facteur*. De même, qu'à propos de la multiplication, on s'est ingénié à éviter le mot *répéter* qui cependant est l'équivalent naturel de *multiplier*, de même aussi pour la division, on semble vouloir éluder le mot *partager*, qui cependant est l'explication du mot technique *diviser*. Comment justifier cette espèce de rébellion contre les idées simples et naturelles contrairement à la saine philosophie, contrairement à la marche de l'esprit humain?

A quoi bon, je le demande, pour faire raisonner la division à des enfants assis sur les bancs de l'école primaire, oui, à quoi bon partir tout d'abord de l'idée que cette opération est l'inverse de la multiplication, au lieu de prendre un exemple tel que le suivant :

Partager entre 42 personnes une somme composée de 42 pièces de 100 francs, de 9 pièces de 10 francs, de 7 pièces de 1 franc, de 4 pièces de 10 centimes et de 2 pièces de 1 centime?

Est-ce que l'élève, quelque peu intelligent qu'il soit, ne verra pas, de lui-même, qu'il faut commencer par diviser 42 par 12 :

$$\begin{array}{c|c} 42 & 12 \\ \hline 6 & 3 \end{array}$$

Ce qui fait 3 pièces de 100 francs pour chaque partageant avec 6 de ces pièces pour *reste;* ces 6 pièces en valent 60 de 10 francs, lesquelles jointes aux 9 qu'il y a déjà, en font en tout 49, à diviser par 42 :

$$\begin{array}{r|l} 49 & 12 \\ \hline 1 & 4 \end{array}$$

et ainsi de suite jusqu'au partage du nombre des centimes. Or, j'en fais juge le lecteur, n'est-ce pas là prendre sur le fait le mécanisme de la division de deux nombres de plusieurs chiffres se contenant plus dé dix fois :

$$\begin{array}{r|l} 2198\ 4 & 687 \\ \hline & \end{array}$$

Est-ce que le *premier dividende partiel* 2198 ne correspond pas au partage du nombre des pièces de 100 francs? puis, le reste 137 converti en unités simples (1370) nombre auquel on ajoute les 4 unités (1374), n'est-ce pas le corrélatif du partage des pièces de 10 francs? etc. En un mot, n'est-ce pas là la démonstration immédiate de la *règle pratique* qui se trouve dans tous les livres?

J'ajoute que j'ai beaucoup simplifié l'explication du cas général en le décomposant en deux parties :

1° *Division de deux nombres de plusieurs chiffres se contenant au moins une fois, et moins de dix fois.*

C'est le cas du *tâtonnement.*

2° *Division de deux nombres de plusieurs chiffres se contenant plus de 10 fois.*

Ici, on applique le cas précédent autant de fois qu'il y a de dividendes partiels.

Abordons maintenant l'énoncé d'une proposition hélas! trop connue dans les examens des demoiselles.

153. LE QUOTIENT VARIE EN RAISON DIRECTE DU DIVIDENDE, ET EN RAISON INVERSE DU DIVISEUR. — La jeune fille qui, peu familiarisée avec la définition du *rapport*, a, dans un examen, l'imprudence de s'appuyer sur cette proposition *à double sens*, soulève QUINZE questions, et ne répond à aucune (1). Les voici :

1° *Définissez le mot raison* (Nescit).

2° *Y-a-t-il* RAISON DIRECTE *entre deux nombres lorsque l'un augmentant ou diminuant, l'autre augmente ou diminue?*

Réponse : Oui. — Toujours? Oui. (Faux.)

3° *Y-a-t-il* RAISON INVERSE *entre deux nombres lorsque l'un augmentant ou diminuant, l'autre diminue ou augmente?*

Rép. : Oui. (Faux.)

----

(1) Je parle, bien entendu, (comme toujours) d'une manière générale. Sans doute, il y a des exceptions, mais elles sont rares.

4° *Il y a donc raison directe entre le plus grand des deux nombre d'une soustraction et leur différence.*

Rép. : Oui. (Faux.)

5° *Il y a donc raison inverse entre le plus petit et la différence ?*

Rép. : Oui. (Faux.)

6° *Augmente-t-on toujours le quotient, quand sans toucher au diviseur, on augmente le dividende ?*

Rép. : Oui. (Faux.)

7° *Double-t-on toujours le quotient quand, sans toucher au diviseur, on double le dividende ?*

Rép. : Oui. (Faux.)

8° *Diminue-t-on toujours le quotient quand, sans toucher au diviseur, on diminue le dividende ?*

Rép. : Oui. (Faux.)

9° *Prend-on toujours la moitié du quotient quand, sans toucher au diviseur, on prend la moitié du dividende ?*

Rép. : Oui. (Faux.)

10° *Augmente-t-on toujours le quotient quand,*

sans toucher au dividende, on diminue le diviseur ?

Rép. : Oui. (Faux.)

11° *Double-t-on toujours le quotient quand, sans toucher au dividende on prend la moitié du diviseur ?*

Rép. : Oui. (Faux.)

12° *Diminue-t-on toujours le quotient quand sans toucher au dividende, on augmente le diviseur ?*

Rép. : Oui. (Faux.)

13° *A-t-on toujours la moitié du quotient quand, sans toucher au dividende on double le diviseur ?*

Rép. : Oui. (Faux.)

14° *Quand on double le dividende et le diviseur le quotient ne change pas; mais le reste s'il y en a un, que devient-il ?* (Nescit).

15° *Comment faudrait-il énoncer les propositions relatives au dividende, au diviseur et au quotient, pour que de fausses quelles sont d'après vos réponses elles deviennent vraies ?* (Nescit.)

Voilà où l'on en vient quand on apprend les choses par cœur. A coup sûr la *mémoire* est une belle chose; mais en mathématiques elle ne suffit pas.

Puis, à quoi bon dans la théorie de la division, introduire le mot *raison* qui ne convient guère qu'aux progressions?

154. LES NOMBRES DÉCIMAUX. — Je demanderai d'abord pourquoi, dans certains cours de demoiselles, on remplace la *virgule* (,) décimale par le *point* (.) décimal? La notation adoptée par l'*inventeur* des fractions décimales, est donc mauvaise? C'est difficile à admettre.

155. MULTIPLICATION DES NOMBRES DÉCIMAUX.

$$0{,}42$$
$$0{,}27$$

En général, voici comment on raisonne :

Par la suppression de la virgule au multiplicande j'ai rendu le produit cent fois trop grand; par la suppression de la virgule au multiplicateur, je l'ai encore rendu cent fois trop grand, et par conséquent dix mille fois trop grand; donc après avoir multiplié 42 par 27, je dois diviser le produit par 10 000 ce qui démontre la règle énoncée.

Objection. Moi, je prétends que le produit est 100 fois plus 100 fois, ou 200 fois trop grand, et par suite, qu'au lieu de diviser le produit par

10 000 en séparant quatre chiffres décimaux, il faut le diviser par 200. En effet, Avez-vous établi le 100 fois 100 fois, ou le 10 000 fois? non ; donc votre démonstration est insuffisante. Ce n'est pas tout : il faut être en état de démontrer les principes sur lesquels on s'appuye, et c'est ce qui n'a pas lieu. Mais, lors même qu'on démontrerait ces principes, quel échafaudage de théorèmes pour une question aussi simple? c'est le cas de dire avec Lagrange que en pareil cas, « *c'est jeter habit bas, pour* tailler *une paille en quatre.* »

La démonstration suivante est du même genre.

156. DIVISION DES NOMBRES DÉCIMAUX.

$$24,032 \mid 6,152$$

Par la suppression de la virgule au dividende, j'ai rendu le *quotient* (duquel parlez-vous?) 1000 fois trop grand (il faut le prouver); par la suppression de la virgule au diviseur, j'ai rendu le quotient 1000 fois trop petit (mêmes questions que pour le dividende); donc il y a compensation, ce qu'il fallait démontrer. Non : ce qu'il aurait fallu démontrer.

157. A propos du cas où le dividende et le diviseur

n'ont pas le même nombre de chiffres décimaux, rappelons la *règle surannée*, que l'on continue encore à enseigner.

Soit :

$$3,1415926 \mid 0,2$$

On dit : remplacez ces nombres par les suivants :

$$3,1415926 \mid 0,2000000$$

Et ceux-ci par :

$$31415926 \mid 2000000$$

Mais alors, les élèves ne savent que faire de tous ces zéros au diviseur. S'ils les embarassent pourquoi les leur faire introduire? Oui, pourquoi les avoir mis au diviseur? pourquoi remplacer une opération par une opération moins simple? est-ce logique? non.

158. FRACTIONS DÉCIMALES PÉRIODIQUES.

Soit.

$$0,272727\ldots$$

Je demanderai pourquoi, dans les examens, les jeunes filles appellent cette expression fraction *continue.* C'est donc parce que 27 se continue. Voilà encore une erreur à rectifier.

En mathématiques, une *fraction continue* est une expression de la forme :

$$x = a + \frac{1}{b} + \frac{1}{c} + \frac{1}{d} + \frac{1}{e} + \dots$$

159. Les Fractions ordinaires. — Une fraction ne change pas de valeur quand on divise ses deux termes par un même nombre : elle ne change que de *forme* et d'expression.

Qu'entendez-vous par la *forme* d'un nombre?

Est-ce que, pour des enfants, le mot *écriture* ne serait pas préférable? (Numération *écrite.*)

160. Un nombre *premier* est un nombre qui n'est divisible que par lui-même, *ou* par l'unité.

Ou tombe à faux ; c'est *et* qu'il faut dire, puisque un nombre est toujours divisible par lui-même, et par l'unité.

SYSTÈME MÉTRIQUE

161. On n'a pas mesuré les 90 degrés du quart du méridien pour avoir la longueur du mètre, parce qu'il y a des *neiges* au pôle.

Qui donc peut enseigner de pareilles choses?

162. Pour avoir la longueur du mètre, on a mesuré l'arc compris entre Dunkerque et *l'île de Formentera*.

C'est une grave erreur d'histoire.

Le *mètre légal* fonctionnait déjà depuis plusieurs années, lorsque Biot et Arago mesurèrent le petit arc d'Espagne de *trois degrés* compris entre Barcelone et l'île de Formentera. Or, je ne sache pas que cette mesure ait en rien modifié le nombre $1^m = 0,^{tolse} 5130740. = 443,^1 296.$

163. On a *pesé dans le vide* pour avoir le poids légal appelé *gramme*.

Je serais bien aise d'apprendre comment Lefèvre Gineau et Fabbonni s'y sont pris pour peser dans le vide. De quel vide s'agit-il? Du leur, à eux, ou de celui de l'eau? La vérité est qu'ils ont pesé dans l'air et dans l'eau, après quoi ils ont fait les corrections nécessaires (1).

164. L'are est un carré qui a *dix* mètres de côté et *cent mètres carrés de superficie.*

La définition n'est donc pas complète quand on a fait connaître la *forme* et la *grandeur* de l'unité de mesure? Pourquoi les cent mètres carrés? Et pourquoi pas les décimètres carrés? les centimètres carrés? etc. Cette définition renferme donc *trop* de conditions.

165. Le *décimètre carré* est la dixième partie du mètre carré. (Faux.)

Comme *déci* signifie *dixième*, on est porté à croire que ce *déci* est le préfixe numéral de *mètre carré*, tandis qu'il ne l'est que du mot *mètre :* c'est la *dixième partie du mètre*, qui est mise en carré; c'est une ligne d'un décimètre de long sur laquelle on construit un carré. Voilà pourquoi jusqu'à nouvel ordre, je fais dire aux enfants : décimètre *en* carré.

Anecdote. Sous Louis-Philippe, à propos d'une loi de finance sur le timbre, on tomba dans la confusion que je viens de signaler. Que de sarcas-

---

(1) Note sur cette question et sur celle de la mesure du mètre dans mon grand traité d'arithmétique (9e édition de 1879).

mes dans les journaux !... Les ignorants !... Ils (les députés) ne savent pas le système métrique ; il faut les renvoyer à l'école primaire, etc., etc. Bref, la Chambre des Pairs fut obligée de faire la rectification. « Cela ne serait pas arrivé si, disait un journaliste, Arago avait assisté à la séance le jour du vote », etc., etc.

Conséquence à tirer de la définition énoncée.

1 décim. carré $= \dfrac{1}{10}$ de mètre carré. (Point de départ).

mais, 1 décim. carré $= \dfrac{1}{100}$ de mètre carré,

donc $\dfrac{1}{10}$ de mètre carré $= \dfrac{1}{100}$ de mètre carré.

Par suite,

$$\frac{1}{10} = \frac{1}{100},$$
$$10 = 100,$$
$$0 = 90.$$

Voilà, cependant ce qui, implicitement, a été voté par nos législateurs !...

166. A propos du *cube*, pourquoi continuer à faire entrer le *dé à jouer* dans la définition? une bonne définition ne doit renfermer que le strict

nécessaire. Puis, je préfère la boîte cubique au dé à JOUER.

167. Le *titre* d'un alliage est le poids de l'or ou de l'argent pur contenu dans cet alliage.

Comme conséquence de cette mauvaise définition, le franc serait au titre de 4 grammes 175 milli-grammes, au lieu de 0,835. Là, où il y a *trois* nombres à considérer pour que la définition soit complète, on n'en fait connaître qu'un. Dès lors, comment voulez-vous que les élèves puissent résoudre les problèmes sur les alliages?

168. *A propos de l'exposé du système moné-taire.* Pourquoi les aspirantes continuent-elles à nommer la pièce d'or de 40 francs? Elle n'est ni *fondamentale*, ni *divisionnaire*; donc elle ne fait plus partie du système actuel, quoique elle n'ait pas été démonétisée, c'est-à-dire retirée de la circulation.

PROBLÈMES EXCENTRIQUES

169. Je n'en citerai qu'un, mais, à lui seul, il en vaut plusieurs. C'est le type du genre.

PROBLÈME DES DENTS ARRACHÉES.

Énoncé. Un vieillard, fin spéculateur, qui a ses 32 dents, fait le marché suivant : Les sommes qu'il touchera par chaque *dent extraite* de sa bouche, seront en progression géométrique dont le premier terme est 2, la raison 2, et le nombre des termes 32 :

$$\div\, 2 : 4 : 8 : 16 : 32 : \ldots\ldots$$

Mais, par chaque *dent non extraite* de la même bouche, les sommes à payer au dentiste, seront en progression géométrique dont le premier terme est 3, et la raison 3 :

$$\div\, 3 : 9 : 27 : 81 \ldots\ldots$$

L'opération commence et suit son cours ; mais, contrairement à ses prévisions, le vieillard, se trouve mal après l'extraction de la 19ᵉ dent, et

4.

renonce à continuer. Calculez : 1° la somme qui eût été gagnée si l'extraction des 32 dents avait été complète. 2° la somme à payer au dentiste par suite des 13 dents non arrachées.

Réponses : 1° Pour les 32 dents arrachées, la somme à *recevoir* par leur propriétaire, aurait été de :

8 589 934 590 francs,

soit 8 milliards ;

2° Par suite des 19 dents seulement arrachées, ce qui lui fait perdre son pari, le vieux doit payer

1 342 908 francs ;

soit un million.

Il est vrai qu'il a encore 13 dents dans la bouche. Grand bien lui fasse !

Ce problème donne lieu à plusieurs réflexions :

1° Un vieillard qui a ses 32 dents !... cela ne se voit guère ;

2° Ce vieillard a ses dents de *sagesse*. Quel usage il a fait de cette sagesse !...

3° Comment ce malheureux ne s'est-il pas trouvé mal plus tôt ?

Les partisans de ces questions grotesques, objectent qu'elles exercent la sagacité, l'intelligence des élèves. Singulier raisonnement !... Est-ce que, par hasard, les problèmes avec les nombres conformes à la réalité, n'exercent pas la sagacité, l'intelligence de ceux qui étudient l'arithmétique? Est-ce que, en outre, ces questions n'ont pas l'avantage de meubler l'esprit de l'élève d'une foule de connaissances utiles? Cela ne supporte pas la discussion.

Terminons cet article par une observation :

A propos des *problèmes d'exercices*, pourquoi donc dans l'*ouvrage didactique*, ne pas se borner au strict nécessaire? pourquoi des milliers de questions ? comment l'élève s'y prendra-t-il pour ne pas confondre le *modèle* et la *copie?* puis, où trouvera-t-il le temps pour faire tous ces calculs? c'est pour obvier à cet inconvénient, que j'ai publié en deux volumes (*Énoncés — Solutions*), à la librairie Hachette, un *Cours de problèmes pris dans la réalité*, servant à compléter mon cours gradué d'arithmétique.

CHAPITRE III

HISTOIRE SAINTE

CHAPITRE III

HISTOIRE SAINTE

170. Je ne relèverai que *quatre* erreurs: deux concernant Jacob; la troisième, le Pharaon d'Égypte, au temps de Moïse, la quatrième, saint Jean l'Évangéliste.

Parlons d'abord du fils d'Isaac.

Le nombre *quatorze* qui joue un rôle important dans la vie du petit-fils d'Abraham, a été fatal aux auteurs.

171. PREMIÈRE ERREUR. — *Jacob n'épousa Rachel qu'après avoir servi Laban pendant quatorze ans.*

Il est bien vrai que Jacob ne put épouser Rachel qu'après avoir contracté à deux époques différentes, deux engagements de *sept ans* chacun, mais il est faux de dire que son second mariage n'eût lieu qu'à l'expiration du deuxième engagement.

172. Deuxième erreur. — *Jacob quitta la Mésopotamie au bout de quatorze ans, pour retourner au pays de ses pères.*

C'est encore faux. Pour convaincre, dans les deux cas, les plus incrédules, laissons parler la Bible.

Jacob ayant conçu de l'affection pour elle, dit à Laban : « Je vous servirai sept ans pour Rachel votre seconde fille. »

Quam diligens Jacob ait : « Serviam tibi pro Rachel filia tua minore, septem annis. »

—

Laban lui répondit : « Il vaut mieux que je vous la donne qu'à un autre ; demeurez avec moi. »

Respondit Laban : « Melius est ut tibi eam dem quàm alteri viro : mane apud me. »

—

Jacob le servit donc sept ans pour Rachel : « et ce temps ne lui paraissait que peu de jours, tant l'affection qu'il avait pour elle était grande. »

Servivit ergo Jacob pro Rachel septem annis : « et videbantur illi pauci dies præ amoris magnitudine. »

Dixitque ad Laban : « Da mihi uxorem meam ; quia jam tempus impletum est, ut ingrediar, ad illam. »

Après cela, il dit à Laban : « Donnez-moi ma femme, puisque le temps auquel je dois l'épouser est accompli, *et que je vous ai servi sept ans, comme je vous l'ai promis.* »

—

Qui, vocatis multis amicorum turbis ad convivium, fecit nuptias.

Alors Laban fit les noces, ayant invité au festin ses amis, qui étaient en fort grand nombre.

—

Et vespere Liam filiam suam introduxit ad eum.

Et le soir il fit entrer Lia sa fille dans la chambre de Jacob.

—

Dans ancillam filiæ Zelpham nomine ad quam cum ex more Jacob fuisset ingressus, facto mane vidit Liam.

Et il lui donna une servante pour la servir, qui s'appellait Zelpha. Jacob l'ayant prise pour femme, reconnut le matin que c'était Lia.

—

Et dixit ad socerum suum : « Quid est quod facere voluisti? nonne pro Rachel servivi tibi? quare imposuisti mihi? »

Et il dit à son beau-père : « D'où vient que vous m'avez traité de cette sorte? ne vous ai-je pas servi pour Rachel? pourquoi m'avez-vous trompé? »

Laban lui répondit : « ce n'est pas la coutume de ce pays-ci de marier ses filles les plus jeunes avant les aînées. »

Respondit Laban : « Non est in loco nostro consuetudinis, ut minores ante tradamus ad nuptias. »

Passez la *semaine* avec celle-ci, et je vous donnerai l'autre ensuite pour le temps de sept années, que vous me servirez de nouveau.

Imple hebdomadam dierum hujus copulæ; et hanc quoque dabo tibi pro opere quo serviturus es mihi septem annis aliis.

Jacob consentit à ce qu'il voulait, et par ce consentement il ratifia son mariage avec Lia, qui jusque-là était nul, *et au bout de sept jours, il épousa Rachel.*

Acquievit placito : et hebdomada transacta, Rachel duxit uxorem.

Voilà qui est clair: Jacob qui, d'après les mœurs de l'époque, pouvait être polygame (1) épousa Rachel *sept jours* après qu'il eût épousé Lia. — Pourquoi donc, dans la presque totalité des petites histoires saintes pour les enfants, généralement écrites par des ecclésiastiques, par des docteurs en théologie, auxquels on peut ajouter

____

(1) Isaac son père fut monogame. Rébecca fut sa seule épouse.

des orientalistes distingués comme M. François Lenormant de l'Institut, dans son *Manuel d'Histoire ancienne de l'Orient*. Oui, pourquoi dit-on que ce mariage n'eût lieu qu'au bout de *sept ans*, et par conséquent au bout de *quatorze* ans comptés à partir de l'époque à laquelle Jacob (alors âgé de soixante dix-sept ans), s'installa en Mésopotamie, tant pour se soustraire à la colère d'Ésaü que pour contracter mariage ailleurs qu'au pays de Chanaan? Pourquoi donc cette erreur a-t-elle passé dans l'enseignement secondaire, et surtout dans l'enseignement primaire, qu'il s'agisse d'écoles laïques ou congréganistes, et cela, tant en France qu'à l'étranger? Comment expliquer cela? à mon avis, rien n'est plus simple. Le premier qui a écrit une histoire sainte enfantine, étant peu au courant du *calendrier* des Hébreux, ne vit pas que, selon les cas, ils avaient recours à la semaine de *jours*, et à la semaine d'*années*. Lia, sœur aînée de Rachel fut épousée au bout d'une semaine d'*années* c'est-à-dire au bout de *sept ans*, tandis que Rachel le fut au bout de la semaine de jours consacrée aux réjouissances nuptiales de sa sœur (1).

____

(1) Dans la célèbre prédiction des *septante-semaines* de Daniel, c'est la semaine d'années qui est l'unité parce qu'il s'agit d'un long intervalle de temps (490 ans au bout desquels le Messie sera mis à mort).

Cette faute, qui se perd dans la nuit des temps, loin d'avoir été, dès son apparition, signalée par les maîtres et les maîtresses, fut, au contraire, acceptée par eux comme une vérité, et alors elle prit racine dans leur enseignement. Il y a plus, comme la plupart des auteurs se copient les uns les autres, et qu'en outre une sorte de prime est accordée, on ne sait pourquoi, à ce qui est faux, l'erreur en question, fit, pour ainsi dire la traînée de poudre, et, chose singulière, passa de France à l'étranger; en sorte que aujourd'hui, n'importe où vous vous trouverez, dans l'hémisphère boréal ou dans l'hémisphère austral, un élève vous dira que Rachel ne devint l'épouse de Jacob qu'APRÈS que le patriarche eût servi Laban pendant *quatorze* ans.

Lorsque, en 1867, je me permis de dire dans une conférence publique faite à Paris, que cette faute avait franchi la frontière, ce ne fut qu'après m'être livré à une enquête minutieuse. Voici comment : autorisé par mes fonctions universitaires d'inspecteur à pénétrer dans des pensions de demoiselles, je me rendis dans plusieurs des maisons où se trouvaient, comme élèves internes, des demoiselles anglaises, américaines, espagnoles, etc., or, à cette question nettement posée aux unes et aux autres :

Au bout de combien de temps Jacob épousa-t-il

Rachel après qu'il eût épousé Lia ? Que me fut-il répondu? au *bout de sept ans*, et cela, d'après ce qui leur avait été enseigné dans leurs pays respectifs.

Plus tard, un fait étonnant, vint à l'appui de cette erreur universelle.

Reportons nous à une certaine discussion politique qui eût lieu au Parlement de Berlin peu de temps après notre malheureuse guerre de 1870-1871. Le gouvernement allemand, par l'organe du prince chancelier, proposait de maintenir l'armée active sur un pied respectable, trop respectable, paraît-il, puisque le chiffre, parut exagéré surtout en temps de paix, et de plus beaucoup trop onéreux pour les finances de l'État. Mais le prince tourna la difficulté en disant : « Accordez-nous encore cette fois, le nombre d'hommes que nous vous demandons, et, à l'avenir, vous le fixerez vous-mêmes.

Ce fut alors qu'un député bavarois catholique, prit la parole, et insinua malicieusement, le sourire sur les lèvres, qu'il en serait peut-être de cette promesse comme de celle de Laban qui s'engagea à accorder Rachel pour épouse à Jacob, s'il le servait pendant *sept* ans, (ce que fit le patriarche,) et qui, cependant, ne la lui accorda que *sept ans plus tard.*

Quelle belle occasion avait là M. le chancelier

de l'empire d'Allemagne, pour donner un libre cours à sa verve spirituelle et mordante! quelle bonne leçon cet homme d'État pouvait donner au malencontreux député de l'opposition, qui, voulant faire de l'esprit avec la Bible, commettait une grosse hérésie! N'était-ce pas là l'occasion de rappeler ce passage si clair et si net que j'ai rapporté : *et hebdomadd transactd, Rachel duxit uxorem?*

Eh bien, cela a-t-il eu lieu? Non, malheureusement pour les écoles primaires. Puis, parmi les quatre cents membres du Reichstag, hommes graves, érudits qui, soit dit en passant, d'après un usage consacré en Allemagne, ont toujours un exemplaire de la Bible au chevet de leur lit, s'en est-il trouvé un seul qui ait rétabli le texte de l'Écriture-Sainte? Non (1). Enfin, le journaliste français qui nous a raconté cet incident, a-t-il été plus heureux en signalant l'erreur? pas davantage.

Ce n'est pas tout : Voici encore un fait qui trouve ici sa place. Il s'agit d'une lettre d'un instituteur de Paris ainsi conçue :

Monsieur l'Inspecteur,

J'apprends que vous venez de relever avec beau-

---

(1) Laban, Jacob, Rachel, le Reichstag! Quel rapprochement entre l'Histoire Sacrée et l'Allemagne!...L'honneur en revient à un membre du Parlement de Berlin.

coup de lucidité la faute d'histoire sainte concernant la fausse interprétation du mariage de Jacob et de Rachel. Mais je continuerai à enseigner cette faute à mes élèves, par la raison que, dans un examen, on leur donnerait une mauvaise note s'ils disaient ce qui est vrai, tant l'erreur est répandue dans nos écoles.

Voilà cependant où l'on en arrive, quand on se laisse guider par la mémoire et par la routine; quand on traite les nombres avec une espèce de dédain; oui, voilà ce qui arrive, quand on n'apporte pas dans l'enseignement ce qu'on appelle l'esprit mathématique. L'erreur en question a de quoi confondre la raison, et on pourrait à coup sûr lui appliquer la série des adjectifs-superlatifs qui ont fait d'une certaine lettre de Mme de Sévigné une lettre célèbre.

173. Je passe à la seconde interprétation erronée du nombre *quatorze*.

Puisque, s'est-on dit, Jacob n'engagea sa liberté que pour quatorze ans, ce laps de temps écoulé, il retourna au pays de ses pères. Eh bien non. Au bout des quatorze années convenues, il y eût entre Laban et Jacob un arrangement particulier par lequel, tout en continuant à être l'intendant de la maison de son beau-père, le gendre pourrait se constituer un patrimoine, une fortune personnelle pour subvenir aux besoins de sa nombreuse famille. La proposition fut que Jacob resterait encore chez son parent pendant *six* ans, ce qui fut accepté, en sorte que le neveu servit l'oncle pendant *vingt années consécutives*, au bout desquelles il retourna auprès d'Isaac.

Pour le prouver, ayons encore recours à la Bible. Mais préalablement, rappelons que Jacob partit pour la terre de Chanaan sans en prévenir Laban. Ce fut un départ caché, clandestin. Aussi, Laban fort irrité, se mit-il à la poursuite de son neveu qu'il finit par atteindre. L'altercation fut très vive, et elle va nous fournir le nombre *vingt* que nous cherchons.

Et Jacob ayant résolu de se retirer promptement, ne voulut point découvrir son dessein à son beau-père, *de peur qu'il ne s'y opposât.*

Noluitque Jacob confiteri socero suo quod fugeret.

———

Lors donc qu'il s'en fut allé avec tout ce qui était à lui, comme il avait déjà passé le fleuve d'*Euphrate*, et qu'il marchait vers la montagne de Galaad.

Cum que abiisset tam ipse quam omnia quæ juris sui erant, et amne transmisso pergeret contra montem Galaad.

———

Laban fut averti le troi-

Nuntiatum est Laban

die tertio quod fugeret Jacob.

Qui, assumptis fratribus suis, persecutus est eum diebus septm : est comprehendit eum in monte Galaad.

—

Viditque in somnis dicentem sibi Deum : « Cave ne quid quam aspere loquaris contra Jacob. »

—

Jamque Jacob extenderat in monte tabernaculum cumque ille consecutus fuisset eum cum fratribus suis, in eodem monte Galaad fixit tentorium.

—

Et dixit ad Jacob : « Quare ita egisti ut clam me abigeres filias meas quasi captivas gladio? »

—

Cur ignorante me fu-

sième jour que Jacob s'enfuyait.

Et aussitôt ayant pris avec lui ses frères *et tous ses gens*, il le poursuivit durant sept jours, et le joignit à la montagne de Galaad, *bien résolu de se venger de sa fuite.*

—

Mais Dieu lui apparut en songe et lui dit : « Prenez garde de rien dire d'offensant à Jacob. »

—

Jacob avait déjà dressé sa tente sur la montagne de Galaad; et Laban l'y ayant joint avec ses frères, y tendit aussi la sienne.

—

Et il dit à Jacob : « Pourquoi avez-vous agi de la sorte, en m'enlevant ainsi mes filles sans m'en rien dire, comme si c'étaient des prisonnières de guerre?

—

« Pourquoi avez-vous

5.

le dessein de vous enfuir sans que je le susse? et *pourquoi* ne m'avez-vous point averti *que vous vouliez vous retirer*, afin que je vous allasse reconduire avec des chants de joie, au bruit des tambours, et au son des harpes?

gero voluisti, nec indicare mihi, ut prosequerer te cum gaudio et canticis, et tympanis et citharis?

—

« Vous ne m'avez pas seulement permis de donner à mes filles et à mes *petits-fils* le dernier baiser. Vous n'avez pas agi sagement *en cela*. Et maintenant. »

Non es passus ut osculari filios meos et filias : stulte operatus es : et nunc quidem.

—

« Je pourrais bien vous rendre le mal *pour le mal*. Mais le Dieu de votre père me dit hier : « Prenez bien garde de rien dire d'offensant à Jacob. »

Valet manus mea reddere tibi malum : « Sed Deus patris vestri heri dixit mihi : cave ne loquaris contra Jacob quidquam durius. »

—

« Vous aviez peut-être envie de retourner vers vos proches, et vous souhaitiez revoir la maison de votre père ; je ne trouve pas cela mauvais. Mais pourquoi m'avez-vous dérobé mes dieux? »

Esto, ad tuos ire cupiebas, et desiderio erat tibi domus patris tui; cur furatus es deos meos?

Respondit Jacob : « Quod inscio te profectus sum, timui ne violenter auferres filias tuas. »

Jacob lui répondit « ce qui m'a fait partir sans vous avoir averti, c'est que j'ai eu peur que vous ne me voulussiez ravir vos filles par la violence.

Je passe les explications relatives au *larcin*, dont Jacob est innocent; attaqué dans son honneur, il se défend avec chaleur. Je continue les citations.

Idcirco *viginti* annis fui tecum ?

Est-ce donc pour cela que j'ai passé *vingt années* avec vous ?

—

—

. . . .
. . . .
. . . .

——

——

Sicque per *viginti* annos in domo tua servivi tibi *quatuordecim* pro filiabus, et *sex* pro gregibus tuis...

Je vous ai servi dans votre maison *vingt ans*, durant, *quatorze* pour vos filles et *six* pour vos troupeaux (1)...

Après l'exposé que je viens de faire, le doute n'est pas possible. Résumons :

---

(1) 14 + 6 = 20.

Jacob épousa Rachel au commencement et non à l'expiration du deuxième engagement de sept ans.

Jacob quitta la Mésopotamie au bout de vingt ans.

Joseph naquit en Mésopotamie. C'était donc un enfant d'environ six ans quand le père le présenta à l'aïeul.

Le lecteur ne sera peut-être pas fâché de savoir comment je m'y suis pris pour découvrir ces deux grosses erreurs. Le voici :

Pénétré de l'utilité du *Discours sur la Méthode*, par Descartes, je fus amené à me demander si je ne pourrais pas, à l'imitation du philosophe, remettre sur le métier ce qui m'avait été enseigné alors que j'étais sur les bancs du collège. Après bien des recherches, je découvris un plan *d'études complémentaires* sous le titre de :

ENSEIGNEMENT RÉCAPITULATIF

PAR

LA MÉTHODE DES NOMBRES

Et cela sans modifier les livres et les programmes de l'enseignement didactique.

C'est ce que, par abréviation, j'appelle le *langage des nombres*.

Par cette méthode (déjà en usage dans plusieurs pensionnats, sur de simples indications de ma part), je m'impose l'obligation de soumettre certains nombres à des *concordances* leur servant de *vérification*. Comme le nombre *quatorze* de Jacob m'avait été enseigné tel que je l'ai indiqué, il se trouva que le calcul de vérification me conduisit à un résultat bien extraordinaire. A ce nombre quatorze j'ajoutais les sept années au bout desquelles Joseph vint au monde (par suite de la stérilité de Rachel, citée dans l'Ancien Testament) et j'obtins vingt-et-un ; comme d'ailleurs Rachel quitta la Mésopotamie au bout de vingt ans, la conséquence mathématique fut que *Joseph n'était pas né en Mésopotamie*. J'avoue que ce résultat me parut bien singulier, puisque, d'après ce que j'avais appris autrefois, je croyais que tous les enfants du patriarche, à l'exception de Benjamin, avaient vu le jour en Mésopotamie. Avec un peu de réflexion, je reconnus que Joseph n'était pas né en Chanaan (puisque ce fut Benjamin son frère qui y vint au monde), et encore moins en Égypte puisque, à l'époque de l'installation du patriarche au canton de Gessen (à l'âge de cent trente ans), il y avait *trente trois* ans que Rachel était décédée.

La conclusion finale, grâce à la *réduction à l'absurde*, fut que Joseph n'était né nulle part, auquel cas ce n'était pas une des figures de Jésus-Christ, etc., etc.

Ce fut alors que je consultais la Bible. La lecture des passages que j'ai commencé par rappeler, ne laissa aucun doute dans mon esprit, et je saisis la première occasion pour indiquer aux maîtres les deux rectifications dont je viens de parler. Mais comme la vérité est un fruit qui mûrit lentement dans les esprits, il faut en prendre son parti, et se dire que plusieurs siècles, peut-être, s'écouleront avant que l'erreur ne soit extirpée des livres et de l'enseignement (1).

174. TROISIÈME ERREUR. — Le Pharaon d'Egypte qui poursuivit les Hébreux à la tête de son armée, *mourut* englouti dans les eaux de la Mer Rouge.

On pourrait peut-être affirmer le contraire : le Pharaon, dont il s'agit, survécut au miracle que Dieu fit en faveur de son peuple.

-----

(1) Cependant à Paris j'ai eu la satisfaction d'apprendre que j'avais fait des prosélytes. Parmi eux je citerai M. Wallon; l'ayant complimenté de ce qu'il n'avait pas marié Jacob et Laban, au bout de quatorze ans, l'auteur me dit : « Sans vous, j'aurais donné dans la faute. » Ceci se passa au moment où nous venions de dresser la liste des livres classiques pour les écoles de la ville de Paris.

Je lis page 481, biographie sacrée par le pasteur Athanase Coquerel le passage suivant :

« ..... Il (le Pharaon) perdit son fils dans la nuit de la Pâque, et vint périr lui-même à la tête de son armée, au milieu de la Mer Rouge qui se referma sur lui, englouti avec ses chars dont les roues brisées rendaient la fuite impossible. »

L'auteur renvoie à l'Exode xiv.

Réfutation. Pour trouver dans la Bible un argument pour ou contre la mort du Pharaon dans les eaux de la Mer Rouge, il faut consulter les chapitres xiv et xv de l'Exode.

Au chapitre xiv, les versets 23, 28, etc.

Au chapitre xv, le verset 4.

Or, en étudiant bien ces textes, l'on voit seulement que les *cavaliers et les chars* du Pharaon périrent tous : *Ne unus quidem superfuit ex eis ;* dit le verset 28, du chapitre xiv.

Mais la personne du Pharaon n'est pas indiquée. Donc, il peut n'être pas mort dans la Mer Rouge. Voilà un premier point, passons au second. Ce Pharaon d'après plusieurs égyptologues est Ménéphtah, treizième fils de Ramsès II, dix-neuvième dynastie. Or, ce Ménephtah est mort dans son lit, après un règne de trente ans, et son tombeau se voit encore parmi les sépultures de Thèbes.

CONCLUSION. — 1° La Bible ne dit rien de la mort du Pharaon.

2° Le Pharaon Ménephtah (qu'on suppose généralement être celui de la Bible), est mort de sa mort naturelle, et non dans le lit de la Mer Rouge.

175. QUATRIÈME ERREUR. La faute qui concerne saint Jean l'Évangéliste tient encore à la légèreté avec laquelle on traite les nombres.

Saint Jean, dit-on, est mort l'an 100 de l'ère chrétienne : c'est vrai. Saint Jean est mort à l'âge de cent ans : c'est faux. Pour vous en convaincre, cherchez à établir la concordance entre l'*âge* et l'*époque* correspondante de l'Évangéliste :

1° Pour le supplice avorté,

2° Par la publication de l'Évangile,

3° Pour la publication de l'Apocalypse,

Et vous tomberez toujours sur des résultats contradictoires tant que vous parlerez de l'hypothèse que l'apôtre mourut *centenaire*.

Au contraire, tout s'accordera avec le nombre *quatre-vingt-quatorze*. En conséquence disons que saint Jean mourut à quatre-vingt-quatorze ans (1), l'an 100 de l'ère chrétienne.

---

(1) Ce nombre quatre-vingt-quatorze se trouve dans quelques auteurs, Bouillet, par exemple.

En effet, le *disciple bien aimé* avait environ vingt cinq ans quand Jésus l'appela à l'apostolat, alors que le Rédempteur des hommes en avait trente quand il sortit de la vie privée pour entrer dans la vie publique. Résumons :

Jésus et saint Jean sont nés, l'un l'an 1, et l'autre l'an 6.

L'an 95, époque, du supplice avorté, saint Jean avait quatre vingt-neuf ans.

L'an 96 époque, de la publication de l'Évangile, il en avait quatre-vingt-dix.

L'an 97, époque (probable) de la publication de l'Apocalypse, il en avait quatre-vingt-onze.

Réciproquement, les âges 89, 90, 91 correspondent aux millésimes 95, 96, 97.

NOTE ADDITIONNELLE

SUR SAINT JEAN L'ÉVANGÉLISTE

176. Après que le Sauveur eut prédit sa propre mort à ses disciples, Pierre lui dit : *Seigneur, que deviendra celui-ci* (saint Jean)? Jésus lui répondit : *Si je veux qu'il demeure jusqu'à ce que je vienne, que vous importe? Suivez-moi donc.* Et alors il se répandit un bruit parmi les frères, que le disciple bien-aimé ne mourrait point.

Or, sa mort est attestée par l'histoire qui nous apprend que son tombeau était à Éphèse, ville de l'Asie-Mineure, où, après avoir été relégué dans l'île de Pathmos, sous Domitien, il y revint sous l'empire de Nerva, et y mourut sous celui de Trajan. On voyait encore son tombeau, au temps de Tertullien de saint Jérôme, de saint Chrysostôme et d'Eusèbe, comme ils nous l'apprennent eux-mêmes.

La longue vie de cet Apôtre contribua à faire croire qu'il ne mourrait point, car il survécut à tous les apôtres ; il ne mourut que dans sa quatre-vingt-quatorzième année, c'est-à-dire soixante-trois ans après le Sauveur, la seconde année de l'empire de Trajan. Un grand événement survenu dans la vie de saint Jean avait encore contribué à faire croire qu'il ne mourrait point. C'est qu'il est le seul des apôtres qui eut échappé au martyre, sans doute en récompense de sa fidélité au pied de la croix. Nous savons en effet que Domitien le fit jeter dans une chaudière remplie d'huile à laquelle on mit le feu, mais qu'il en sortit sain et sauf. Et alors de se dire : « *Celui que le feu n'a pu détruire, doit vivre éternellement.* »

Une autre erreur s'était propagée, à savoir que les ossements de saint Jean n'avaient pas été retrouvés dans le sépulcre qui les renfermait. Cette erreur a été relevée par le pape Célestin et par saint Chrysostôme.

CHAPITRE IV

HISTOIRE ET GÉOGRAPHIE

CHAPITRE IV

HISTOIRE ET GÉOGRAPHIE

177. Quand donc renoncera-t-on à faire dire aux élèves que *Pharamond, fils de Marcomir, a été le fondateur de la monarchie des Francs dans la Gaule?*

Si l'on me demandait le nom du premier *roi de France*, il me semble que je serais en droit de nommer celui sous le règne duquel on commença à parler français. N'est-ce pas le *serment de Strasbourg* en 842, sous Charles-le-Chauve, qui nous offre le premier exemple de *français?* Dès lors, je nommerais Charles-le-Chauve.

178. *Charlemagne empereur d'Allemagne.* Quelle erreur! Comme si à cette époque il y avait un empire d'Allemagne! Contentez-vous de dire : Charlemagne, empereur Romain, de nation germanique.

179. *Question douteuse. Roland était-il le neveu de Charlemagne?*

Les uns disent *oui*, les autres disent *non*. Ceux qui disent oui, se fondent sur ce qui suit : d'après la Chronique de Turpin, Roland (célèbre dans les romans de la chevalerie), était fils de Milon, comte d'Angers et de Berthe, *sœur* de Charlemagne. Si cela est exact, le héros de Roncevaux était, en effet, le neveu de Charlemagne. Mais cette chronique est-elle une autorité suffisante? C'est douteux. En pareil cas, ce serait, si je ne me trompe, à *l'Académie des Inscriptions et Belles-Lettres*, à trancher la difficulté en faisant connaître son opinion.

180. Voici encore une question à soumettre à l'Académie.

Louis IX est-il né à Poissy? D'après certains actes qui paraissent authentiques, le fils de Blanche de Castille aurait été *baptisé* à Poissy, mais il n'y serait pas né (1).

181. *Jeanne d'Arc est-elle Lorraine ou Champenoise?*

La Lorraine a toujours cru à la légende qui pré-

______

(1) Note à la fin de l'ouvrage.

disait pour le salut du pays la venue d'une *Vierge de Lorraine*. Je ne sache pas que la Champagne se soit inscrite en faux contre cette nationalité.

Quant à l'orthographe du nom, on écrit généralement Jeanne d'Arc, mais, selon quelques écrivains, on devrait écrire Jeanne Darc. Encore une question en litige.

182. Étienne Marcel, prévôt de *Paris*. Dites : prévôt des *Marchands*. Ces deux magistratures étaient essentiellement différentes. Marcel est un des hommes politiques les plus remarquables et les plus actifs du moyen âge. Nommé prévôt en 1355, il fut tué le 31 juillet 1358 pendant la nuit, au moment où il s'apprêtait à ouvrir la porte Saint-Antoine à Charles-le-Mauvais.

183. Quel est au juste celui des *Trivulce* qui prit part à la fameuse bataille de Marignan, dite *bataille des Géants*?

C'est Jean-Jacques, cousin de Théodore de la branche aînée, maréchal de France comme lui, mais plus illustre que lui. Jean Rivulce est un des quatre maréchaux sous François Ier, avec la Palisse (1), Stuart d'Aubigny et Lautrec.

____

(1) Faut-il écrire la Palisse ou la Palice? Qu'en dit l'Académie?

184. Quel est le seigneur qui, dit-on, écrivit à Charles IX une lettre dans laquelle il lui fit connaître les motifs pour lesquels il refusait de concourir au massacre de la Saint-Barthélemy?

C'est le vicomte d'Orthez. Il est vrai que de graves écrivains ne croient pas que cette lettre, un peu théâtrale et si souvent citée, ait été écrite. Mais il est prouvé que ce seigneur refusa de concourir au massacre, et qu'il contint la fureur du peuple, comme la Guiche à Mâcon, Saint-Herem en Auvergne, etc., etc.

Doit-on écrire d'Orthez, d'Orthes ou d'Orthe?

Bouillet dit Orthes (H. d'Appremont, vicomte d'); de plus cet auteur admet la lettre du gouverneur : « Sire, j'ai communiqué la lettre de Votre « Majesté à la garnison et aux habitants de cette « ville. Je n'y ai trouvé que de braves soldats, de « bons citoyens, et pas un bourreau ». Qu'en pense l'Académie?

M. Guizot écrit indistinctement vicomte d'Orthe et vicomte d'Ortez, gouverneur à Bayonne. « L'au- « thenticité de la lettre, dit-il, est contestée, quoi « que le fait de sa résistance paraisse certain. »

185. « Les Calaisiens sont des ignorants : au bas du buste de François de Guise, exposé sur la place, n'ont-ils pas mis à la suite du nom du libérateur

de leur ville, le surnom de *Balafré*, qui ne s'applique qu'à Henri son fils! »

J'en suis bien fâché pour le journaliste; mais il s'est fourvoyé. François de Guise fut blessé grièvement au visage (siège de Boulogne occupé par les Anglais), ce qui exigea une opération très douloureuse et très dangereuse; elle fut faite fort habilement par Ambroise Paré. La blessure finit par se guérir, mais il resta une cicatrice, une *balafre*, en sorte que les Calaisiens ne se sont nullement trompés (1).

186. Pourquoi des auteurs font-ils assister Turenne à la *deuxième* dévastation du Palatinat?

Certes, c'est déjà bien assez pour la mémoire de ce guerrier, que l'on soit obligé de dire que, par

______

(1) Avis aux élèves. Méfiez-vous des noms qui sont communs à plusieurs personnages. Exemples. Les trois cardinaux du nom de Guise. Deux surtout sont bien connus : Celui qui mourut d'une pleurésie à la suite d'une procession faite à Avignon en compagnie de Catherine de Médicis; puis le neveu du précédent, mort assassiné au château de Blois. Le troisième était Louis de Lorraine, que le peuple avait surnommé le *cardinal des bouteilles*, sans doute parce qu'il préférait la bonne chère à la *politique*; peut-être n'avait-il pas tort. Ajoutons les Condé, les Montmorency... les Corneille, les Racine... Dans les sciences : Les Bernoulli... Il faut alors se bien attacher aux prénoms, pour éviter la confusion.

ordre de Louvois, il prit part à la première, celle de 1674. Quant à celle de 1688, il y a une bonne raison pour laquelle il y a été étranger : c'est que, depuis treize ans, il était mort.

187. Voltaire né à *Paris*. C'est une erreur : Voltaire (il le dit lui-même) est né à Châtenay près de Sceaux le 20 février 1694 ; décédé en 1778. Il était le troisième enfant de François Arouet, ancien notaire au Châtelet (1).

À cette occasion, reproduisons une lettre fort spirituelle qui fut adressée par un poète à M. le maire de Châtenay, à l'occasion du centenaire de Voltaire, célébré, comme celui de J.-J. Rousseau, en 1878.

Monsieur le maire,

J'allais presque écrire : « Monsieur le bailli », tant le projet que je prétends vous soumettre est rococo et sent son dix-huitième siècle; et dans la circonstance, à vrai dire, un œil de poudre sur vos cheveux, la grande canne et l'habit à fleurs m'interloqueraient moins que cette imposante écharpe municipale.

---

(1) Ce fut à sa sortie de la Bastille, qu'il quitta son nom d'Arouet pour prendre celui de Voltaire, qu'il tira d'un petit domaine appartenant à sa mère. Le nom fut bien choisi, car il a pour anagramme : *O alte vir !* oh ! le grand homme !

Quoi qu'on en ait, vous êtes maire, et maire du plus plaisant village, perché entre deux plis de verdure, comme une bergeronnette à la crête de deux sillons. Les noms mêmes de vos rues, rue de Bièvre, rue d'Antony, respirent une bonne odeur de lilas et de feuilles fraîches ; la Vallée-aux-Loups, n'est pas loin avec ses souvenirs littéraires ; Sceaux vous confine, où régnait l'académicien Malézieux, votre seigneur, aux grandes nuits de la duchesse du Maine ; où le chevalier de Florian mourut (ô prosaïsme des révolutions !) commandant de la garde nationale ; vous avez un ruisseau chanteur, qui vient d'Aulnay, et qu'un pont traverse ; Fontenay, par-dessus les noyers de la grande cavée, vous envoie, au printemps, le parfum de ses roses, de ses violettes et des fraisiers ; le buisson de Verrières, le sifflet de ses merles, et Robinson se trouve si près que, lorsque les cosses éclatent dans ses châtaigneraies, cela fait, m'a-t-on dit, un bombardement de châtaignes mûres sous vos toits.

Enfin, vous possédez, au bout d'une très longue rue, une toute petite place, vraie place d'opéra-comique, avec le clocher obligé, la grille du « château voisin », l'échappée de vue vers la campagne, et sur cette place, au haut d'un pignon creusé d'une niche, un buste peint en vert qu'explique cette inscription éloquente : « A Voltaire, né à Châtenay. »

Malgré cette lettre, bien des gens continueront à dire qu'il est né à Paris, quai Voltaire.

GÉOGRAPHIE

188. *De quel Verdun est-il question lorsqu'il s'agit du traité de Verdun en 843?*

D'après les habitudes scolaires, on dit : Verdun-Meuse. Mais, d'après des professeurs d'histoire, entre autres M. Filon, de regrettable mémoire, le Verdun en question serait le Verdun-sur-Saône, cette localité chef-lieu de canton du département de Saône-et-Loire, est située sur la rive gauche de la Saône, un peu au-dessous de son confluent avec le Doubs, et alors ce Verdun serait celui qui est situé au confluent de la Saône et du Doubs.

Je lis dans M. Guizot : « Vers la mi-juin 842, « les trois frères se rencontrèrent dans une île de « la Saône près Châlon, où ils commencèrent à « débattre les questions qui les divisaient, et ce ne « fut qu'un an après, au mois d'août 843 que « réunis tous trois à Verdun avec leurs arbitres, ils « s'accordèrent enfin sur le partage de l'empire « franc, sauf les trois contrées que, d'avance, on « était convenu d'en excepter. »

Il est regrettable que l'illustre historien n'ait pas dit d'une manière précise de quel Verdun il s'agissait lors de la seconde réunion, car en France, il y a huit localités de ce nom, alors surtout que la première partie de son récit semble indiquer le Verdun-Saône. Voilà donc encore une question à soumettre à l'aréopage que j'ai cité plusieurs fois.

189. Traité de Brétigny (*Seine-et-Oise.*)

Ici, l'erreur (peu répandue) est facile à relever. Il y a *douze* Brétigny en France, dont quatre dans Seine-et-Oise, et ce n'est aucun de ces quatre qui est le Brétigny où fut signé le honteux traité qui (en 1360) équivalait au partage de la France en faveur de l'Angleterre. Le vrai Brétigny est un village de la Beauce, non loin de Chartres (Eure-et-Loir).

190. Pourquoi des auteurs placent-ils Montélimart sur le Rhône? C'est confondre ce fleuve avec deux de ses affluents, le Roubion et le Jabron.

6.

CHAPITRE V

HISTOIRE NATURELLE

CHAPITRE V

HISTOIRE NATURELLE

191. *Les* DEUX *ailes de l'abeille.*

Encore une fausse induction : l'abeille, dit-on, est la *mouche* à miel ; or, la mouche n'a que *deux* ailes ; donc il en est de même de la première. Ce raisonnement est faux. Dites : les *quatre* ailes de la mouche à miel. Elle n'est pas *diptère*, mais *tétraptère*. Il est vrai que ces quatre ailes ne sont pas très apparentes, parce que les deux de gauche sont comme accolées, et qu'il en est de même des deux de droite. Ajoutons que les supérieures plus grandes recouvrent les inférieures ; mais, je le répète, ne confondons pas deux avec quatre.

Qui ne sait que Virgile a fait une admirable description des abeilles dans ses Géorgiques?

Frappés de ces grands traits, des sages ont pensé
Qu'un céleste rayon dans leur sein fut versé.

Oui, voilà ce que disait le célèbre poète latin, il y a 1900 ans, alors qu'on ignorait la plus grande partie des mœurs de ces insectes si bien décrites de nos jours par Michelet.

Voici un fait tout récent, bon à signaler, qui prouve avec qu'elle prudence il faut s'approcher de cette République ayant une présidente pour la gouverner. Un laboureur, près d'Auxerre, ayant mis à découvert un nid d'abeilles avec le sol de sa charrue, l'essaim tout entier fit irruption sur le malheureux paysan en lui labourant le visage par des piqûres. Quoiqu'il ait pu se soustraire à la fureur de ces insectes en se jetant à l'eau, son état est assez grave, dit le journaliste, pour que sa vie soit en danger.

192. *L'écrevisse est un petit poisson rouge qui marche à reculons.*

Cette définition est triplement fausse. 1°. L'écrevisse n'est pas un *poisson*, mais un crustacé. 2°. L'écrevisse n'est pas rouge (sauf exception) (1), mais d'un brun verdâtre. 3°. L'écrevisse ne recule pas lorsqu'elle a donné un coup de sa queue repliée préalablement sous son abdomen ; c'est au contraire une rame qui la pousse en avant. Elle ne

(1) Sauf aussi, quand elle est cuite.

recule qu'en marchant avec ses pattes ; mais cette marche ne lui est pas la plus ordinaire, et ce n'est pas un caractère suffisant pour s'en servir dans la définition de ce singulier décapode. Quant au proverbe : « Marcher à reculons comme une écrevisse, il n'est pas heureux, d'après ce qui précède. Puis on a été d'autant plus mal inspiré lorsqu'on a fait de l'écrevisse le symbole de la *rétrogradation*, qu'elle a un secret de *régénération* que l'homme hélas ! voudrait bien posséder, celui de se reconstituer un membre amputé. Oui, que l'écrevisse perde une de ses pattes, elle ne tardera pas à en avoir une nouvelle et à la même place. Heureux crustacé !... »

193. Je lis quelque part, que :

La baleine est un poisson qui dépose ses œufs sur le sable.

1°. La baleine n'est pas un poisson, mais un cétacé.

2°. *La* baleine ne dépose *ses œufs* (combien)? ni sur le sable ni ailleurs, par la raison que c'est un mammifère. Des œufs de baleine ! qui en a jamais vus (1).....

______

(1) Les *dauphins*, les *cachalots* et les *baleines* sont des mammifères. Doués d'une respiration aérienne, ces ani-

194. *La chauve-souris est un oiseau.*

Elle est si peu un oiseau que la femelle allaite ses petits. C'est donc encore un mammifère. (La Fontaine, pour obéir à la rime, a dit quelque part *souris-chauve*).

La chauve-souris est, à proprement parler, l'hirondelle de nuit.

Nota. Les personnes, qui voudront approfondir la partie de la Zoologie consacrée à la chauve-souris, pourront consulter l'ouvrage de M. le docteur Maisonneuve, professeur d'histoire naturelle à la Faculté libre des Sciences d'Angers. Ostéologie et myologie de la chauve-souris commune, précédées d'intéressantes considérations sur les mœurs de cet animal.

195. *Le coq-d'Inde ou dindon, est originaire de l'Hindoustan.*

Faux. Il vit à l'état sauvage au Mexique et aux

---

maux vivent à la surface de l'eau. Les *phoques* et les *morses*, qui sont aussi des mammifères, vivent bien moins dans l'eau que les baleines ; souvent, ils abordent les rivages, ou montent sur les glaces, ce que ne fait jamais la baleine.

Le cachalot a des dents, mais seulement à la mâchoire inférieure, tandis que les *fanons* de la baleine sont portés par la mâchoire supérieure. Ajoutons que la baleine n'a jamais qu'un petit ; on le nomme *baleineau*.

Etats-Unis, depuis l'Illinois jusque vers l'isthme de Panama.

196. *La salamandre terrestre est incombustible.*

Fausse induction : Les salamandres aquatiques sont *ovipares;* les salamandres terrestres sont *ovovivipares;* toutes ont la faculté de faire sortir de leur corps une substance gluante, d'une odeur forte, d'une saveur âcre, inoffensive pour l'homme, mais dangereuse pour les petits mammifères. Lorsqu'on les jette sur un brasier ardent, cette substance les défend pendant quelques instants contre l'ardeur de ce brasier, et c'est là ce qui a fait dire, bien à tort, que ces animaux pouvaient vivre dans le feu, et même qu'ils pouvaient *l'éteindre.* Il est facile de se convaincre du contraire. Les poètes ont fait de la salamandre le symbole de la vaillance. La devise de François Iᵉʳ était empruntée à ce batracien : « *J'y vis et je l'éteins* (1) ». Les anciens cabalistiques donnaient le nom de *salamandres* aux prétendus *esprits du feu* auxquels obéissait cet animal.

197. *La salamandre est très venimeuse.*

Erreur. Cet animal n'a pas de glandes salivaires à venin, et ses dents sont trop petites pour entamer

---

(1) Au xviᵉ siècle, on écrivait : *Je l'estaynys.*

la peau de l'homme (1); donc il n'est pas venimeux. Ce n'est pas tout : encore un proverbe à rectifier : « Si orvet (reptile) voyait, si sourd (la salamandre) entendait, nul homme ne vivrait ». La salamandre n'est pas sourde et l'orvet n'est pas aveugle (2).

198. *La piqûre de la vipère.* (Faute très-répandue).
Dites la morsure.

199. *La puce mord.*
Faux. Cet insecte fort dé...gréable *pique.*

200. *Le pou mord.*
Faux. Le pou *pique.*

201. La punaise *mord.*
Faux. La punaise *pique.* Cet insecte dont l'odeur est fétide, a un appareil buccal admirablement

---

(1) LA VIPÈRE ET LA SANGSUE
Nous piquons toutes deux, *commère,*
A la *sangsue* un jour disait une *vipère.*
Et l'homme cependant te recherche et me fuit.
D'où vient cela? — D'où vient? répliqua la sangsue
C'est que ta *piqûre* le tue
Et que la mienne le guérit.
(2) Note à la fin de l'ouvrage.

conditionné pour percer la peau des malheureux dormeurs et en pomper le sang. Chose remarquable, la bouche de tous les insectes est toujours construite sur le même type, ou plutôt sur des types différents, mais avec des pièces analogues modifiées seulement dans leurs formes. C'est ainsi que l'appareil buccal de l'insupportable *cousin* femelle (le mâle est inoffensif) offre les mêmes parties que la trompe mobile des *papillons*, ou que l'appareil robuste du *hanneton*, ou que le *suçoir* de la punaise. Quant à la sangsue médicinale, on doit dire qu'elle *entaille* (1).

202. *Le loir et le lérot.*

Pourquoi les jardiniers s'obstinent-ils à confondre ces deux rongeurs? Celui des *parcs* et des *jardins*, qui mange si bien le raisin, même lorsqu'il est caché dans un sac de crin, est le *lérot;* tandis que l'autre qui habite les *forêts* est le *loir*.

203. *La vipère est vivipare.*

Faux. Comme la salamandre terrestre, elle est ovo-vivipare, mot qui signifie que chez ces animaux, l'œuf éclôt dans le corps de la mère.

---

(1) Note à la fin de l'ouvrage.

204. *La langue de la vipère lance le venin.*

Faux. Le venin de la vipère, liquide très-dangereux, est sécrété par des glandes spéciales placées sous les muscles de la mâchoire, lesquels communiquent avec les dents creuses placées à la partie antérieure de la mâchoire ; en sorte que l'effort qui est fait par le reptile pour mordre, expulse le venin contenu dans la glande, et le pousse jusqu'au fond de la blessure, laquelle est toujours très grave, au point, dit-on, de pouvoir occasionner la mort, si le remède n'est pas prompt et énergique. Mais dans tout cela il n'y a pas d'expulsion de poison par la langue (1).

---

(1) L'opinion d'après laquelle la langue de la vipère est très venimeuse, est fort ancienne : Job et David nous en offrent la preuve. « *Ils ont aiguisé contre moi*, dit David, *leur langue de serpent* » (acuerunt linguas suas sicut serpentes.) « *Leur langue de vipère lui a donné la mort* », dit Job.

Dans un très beau morceau de poésie, *Imité de Virgile*, par Malfilâtre (poète français 1733-1767), on remarque ce passage :

. . . .
. . . .
. . . .

Perce des traits d'une *langue assassine*
Son col nerveux, les veines de son flanc,
Poursuit, s'attache à sa forte poitrine
Mord et déchire, et s'enivre de sang.

205. *La langue de la vipère, emblème de la calomnie.*

Nous venons de prouver que la langue de la vipère est pour nous inoffensive. Le dicton en parlant d'une personne bavarde et calomnieuse : « *Elle a une langue de vipère* » repose donc sur une erreur vulgaire ; en sorte que, en s'exprimant ainsi, on fait un mauvais usage de sa langue.

En fait de calomnie, sœur de la médisance, Philippe de Macédoine disait : « *La blessure se ferme, mais la cicatrice reste* » comme c'est vrai !... Beaumarchais a dit : « *Calomniez, calomniez ; il en restera toujours quelque chose* », soit ; mais disons aussi :

« *Moralisez, moralisez, il en restera toujours quelque chose* ». Feu Viennet qui était fort spirituel, la définit ainsi : « *Elle est comme le charbon : quand il ne brûle pas, il salit* ».

206. *Le pélican se déchire les flancs pour faire boire son sang à ses enfants.*

Encore une exagération. Le pélican se contente de dégorger devant ses petits les poissons contenus dans une poche suspendue à sa mâchoire inférieure. C'est là, j'en conviens, un grand acte d'amour maternel. Mais, ne dirons-nous rien de la *poule-couveuse*, qui pendant vingt-et-un jours se prive d'exercice et presque de nourriture, pour couver des œufs? L'incubation achevée, elle élève sa propre famille, ou celle d'un autre oiseau, avec une sollicitude devenue proverbiale. Qui ne connaît la jolie fable : « *La poule et ses poussins* » ?

207. *La bave du crapaud est venimeuse; son souffle et son regard sont dangereux.*

Qu'on veuille bien nous le prouver, et nous dirons oui.

208. *Le chant du cygne expirant.*

Pour les poètes, oui; pour les naturalistes, non.

209. *Le cerf, le chevreuil mortellement blessés par le chasseur, pleurent en expirant.*

Encore une fausse analogie. L'erreur vient de ce que, après une course désordonnée, le larmier (fente au-dessous des yeux) de ces animaux qui est très grand, se remplit de larmes, dont l'effort de la course a activé la production. Quant à la partie sentimentale relative au regret de la vie, on fera bien de la laisser de côté. Si ce sentiment était réel, pourquoi les bêtes ne pleureraient-elles pas au moment d'expirer, car toutes tiennent à la vie.

210. *La forticule perce-oreille. (Forticula auricularia).*

L'abdomen de cet insecte-orthoptère se termine par deux crochets en forme de tenaille, avec lesquels, dit-on, il perce la membrane des oreilles, et occasionne la mort. Encore un de ces contes à dormir debout.

211. *Le ver solitaire.*

L'épithète de *solitaire* est impropre, car il arrive fréquemment que ce ver intestinal plat dont le corps est composé *d'anneaux* articulés (comme l'indique son vrai nom de *ténia*, mot tiré du grec qui signifie bandeau, ruban), coexiste et vit en compagnie avec plusieurs sujets de son espèce. Cela est si vrai, c'est que plusieurs ténias (3, 5 et même 7) ont été rendus avec les matières fécales, par des malades atteints de ce prétendu ver *solitaire*. La largeur de ce dangereux entozoaire varie de 1 à 8 millimètres, et plus ; quant à sa longueur, elle est de 6 à 8 mètres, et quelquefois davantage. On a préconisé bien des traitements ; celui par *l'écorce fraîche de racine de grenadier*, paraît être un des meilleurs.

212. *L'estomac de l'homme est situé dans sa poitrine.*

Faux. Ce principal organe de la digestion est

situé à la partie supérieure de l'abdomen. Dans la poitrine se trouvent le *cœur* et les deux *poumons*, mais on y chercherait inutilement notre estomac.

213. *La gale est une affection due à un vice du sang.*

Faux. Cette maladie cutanée, contagieuse, est due non pas à un vice du sang, mais à la présence d'un *acarus* parasite, appelé *sarcopte*, qui se creuse une petite galerie dans l'épaisseur de de l'épiderme. Cet animal a le corps mou, pourvu de huit paires de pattes toutes armées de crochets.

214. « *Je souffre d'un rhume de cerveau.* »
Cette expression, consacrée dans l'usage, est tout à fait impropre. Notre cerveau ne s'enrhume pas. Dites : je souffre d'un *coryza*, c'est-à-dire d'une inflammation de la muqueuse nasale. La poitrine ne s'enrhume pas davantage. Ce qu'on appelle *rhume de poitrine* est une affection inflammatoire des bronches ou de la trachée-artère (catharral).

A cette occasion, faisons un peu d'hygiène. Combien de personnes ne prennent pas le rhume au sérieux ! A quoi bon, disent-elles, ce n'est pas une maladie. Soit, mais un rhume négligé peut dégénérer en maladies (croup, pneumonie, et notamment la phtisie tuberculeuse).

215. *Les animaux rampants sont dépourvus de membres.*

Pas toujours. Exemples : les tortues, les crocodiles, les lézards.

216. *Le hérisson se renverse sur le dos et se roule sur des fruits tombés de l'arbre pour les transpercer de ses piquants et les emporter dans son gîte.*

C'est faux. Jamais le hérisson ne s'est servi de son armure épineuse en guise de fourchette. (Nous en reparlerons au 236).

217. *L'éléphant ne se couche point par terre.*
Il ne se couche pas souvent, mais il se couche.

218. *L'éléphant qui tombe sur le côté ne peut se relever.*
Qui donc a vu cela?

219. *Un engrenage d'erreurs fondé sur une fausse analogie :*
1. *La* tourterelle est la femelle du pigeon.
2. *La* souris est la femelle du rat.
3. *La* grenouille est la femelle du crapaud.
4. *La* corneille est la femelle du corbeau.
5. *La* perruche est la femelle du perroquet.

6. *La* chouette est la femelle du hibou.

7. *La* guenon est la femelle du singe.

En zoologie, la guenon est un genre de mammifères quadrumanes de la famille des singes, caractérisés par des formes grêles, une longue queue et un museau court. Ces singes (mâle et femelle) sont particulièrement répandus en Asie et en Afrique, surtout dans ce dernier pays. Le langage ordinaire, d'après lequel la guenon est un animal femelle, est, comme on le voit, en contradiction avec le vrai langage des zoologistes.

220. *L'écureuil traverse les rivières monté sur une écorce, avec sa queue au vent, en guise de voile.*

Ce gentil petit animal (peu épargné par les chasseurs), a une très grande peur de l'eau; on a donc bien tort de le faire voyager à la façon des canotiers.

221. *Les plantes respirent l'acide carbonique que rejettent les animaux.*

C'est faux. Les plantes respirent l'oxygène de l'air aussi bien que l'homme et les animaux; puis, c'est en vertu d'une action chimique pure et simple, qu'elles prennent à l'air, et seulement dans certaines conditions déterminées, son acide carbonique : la respiration de l'oxygène a lieu continuellement.

222. *La pomme de terre est une racine.*

C'est absolument faux. La pomme de terre est une tige renflée souterraine qui porte des feuilles au niveau des yeux, ou petits enfoncements placés à sa surface. Or, les racines ne présentent jamais d'organes foliaires.

A proprement parler, la pomme de terre est un *tubercule.*

Sont des tubercules : les patates, les ignames (qui se cultivent comme la pomme de terre), les topinambours.

223. *La truffe est un tubercule.*
Faux. C'est un champignon.

224. *La figue est un fruit.*
Cela n'est pas exact. A proprement parler, la figue est la réunion d'un très grand nombre de petits fruits renfermés dans une masse charnue, sucrée.

225. Doit-on dire : une *graine de blé,* ou *un grain de blé?*
Dites un grain de blé, comme pour toutes les céréales.

226. Doit-on dire : *une graine de raisin,* ou *un grain de raisin ?* Dites : un grain de raisin, par la raison que les véritables graines de la vigne sont renfermées dans le grain de raisin.

227. Souvent on dit que les pierres *poussent ;* cela veut-il dire qu'elles s'accroissent à la manière des plantes ? Non, car cela est impossible.

228. Le melon est un légume.
Non. L'origine de *légume* vient de *legumen* qui veut dire *gousse,* mot qui s'applique à tous les fruits de la famille des *légumineuses.* Le nom de légume a été donné à tort à cette foule de végétaux qui servent de nourriture à l'homme et aux animaux. Mais cette distinction, omise par la classe ignorante, n'a pas échappé aux Botanistes, qui réservent le nom de *légumes* seulement pour les fruits des plantes de la famille des légumineuses tels que, par exemple, les pois, les fèves, les haricots, les lentilles, etc.

Quant au *melon* (de μηλου, pomme), c'est une espèce de plante du genre *concombre.*

Appelez le fruit, plante, mais pas légume. Les personnes disposées aux débilités de l'estomac, aux dérangements intestinaux, les convalescents feront bien de s'en abstenir.

220. *La feuille métallique très mince qui sert à envelopper le chocolat, est une feuille de plomb.*

Remplacez le plomb par l'étain, et ce sera vrai.

230. *La plombagine est une substance ainsi nommée parce qu'elle renferme du plomb.*

C'est le mot plombagine qui trompe. La plombagine ne renferme pas de plomb. C'est une variété de charbon que les chimistes appellent *graphite.*

231. *Le mercure ou vif-argent.*

Dites mercure (corps simple, métallique, le seul métal connu qui soit liquide à la température ordinaire) mais supprimez les mots vif-*argent*, par la raison que le mercure ne renferme pas la moindre quantité de ce dernier métal.

232. *L'hortensia, plante à fleurs, ainsi nommée de la reine Hortense.*

Dites de Mme Hortense Lepaute, femme du célèbre horloger de ce nom, et vous serez dans le vrai.

233. *L'ellébore, plante médicinale, à laquelle on attribuait la propriété de guérir la folie.*

Il est fâcheux que cela ne soit pas; seulement, de nos jours, il faudrait en faire une énorme consommation.

Les maisons d'aliénés (Charenton, Bicêtre, etc.)

comptent beaucoup d'*expectants*. « Quand Dieu créa les cervelles humaines, il n'entendit pas les garantir. » — (Montesquieu).

Remarque. A l'énumération qui précède, joignons deux questions de physique.

Est-il vrai de dire que *le tonnerre et la foudre soient une seule et même chose?*

Non. Le *tonnerre* est le bruit éclatant qui accompagne la *foudre*, c'est-à-dire l'étincelle semblable à celle que les physiciens produisent avec des machines électriques. Il ne faut donc pas dire, contrairement à l'usage, que le tonnerre est tombé sur tel ou tel édifice (1).

Ne dites pas non plus que le *laurier* attire la foudre; cette faute se trouve dans plusieurs livres.

L'expression : *Dieu! que le temps est lourd!* est-elle exacte?

Non. C'est juste le contraire qu'il faudrait dire. En effet, quand on s'exprime ainsi, c'est que la pression exercée par l'atmosphère a diminué; si elle a diminué, c'est que le poids de l'air est devenu plus léger; s'il est devenu plus léger, pourquoi dire qu'il est lourd? Le dicton populaire tombe donc à faux.

Contentons-nous de l'exposé que nous venons de

—————

(1) Voyez la note à la fin de l'ouvrage.

faire des erreurs scolaires. Dieu veuille qu'il contribue à les faire disparaître. Mais hélas ! la routine est si aveugle et si puissante, que bien des années s'écouleront encore avant que l'on en soit débarrassé. Mais n'importe, le coup que nous leur portons trouvera peut-être des imitateurs, et le jour de la victoire finira par arriver.

DEUXIÈME PARTIE

CHAPITRE VI

ERREURS VULGAIRES

CHAPITRE VI

ERREURS VULGAIRES

234. Nous appelons ainsi les erreurs qui se sont infiltrées dans le Public, dans la Société, on ne sait trop comment.

235. *Lundi est le premier jour de la semaine.*
C'est le second. Pourquoi? Parce que dimanche est le premier. Pourquoi dimanche est-il le premier jour de la semaine? Parce que, par *convention*, les jours successifs de notre semaine sont :

1. Dimanche,
2. Lundi,
3. Mardi,
4. Mercredi,
5. Jeudi,
6. Vendredi,
7. Samedi.

Le lundi est tellement voisin du dimanche qui le précède, qu'il en a conservé un air de repos, de paresse, une demi-teinte de fête. Beaucoup d'ouvriers *font le lundi. fêtent saint lundi, célèbrent la saint lundi*, parce que lundi étant, selon eux, le premier *jour* de la semaine, il est bon de la commencer joyeusement : erreur funeste à leur bourse, à leur santé, mais favorable aux *comptoirs d'étain*, où souvent on va boire ce qu'on appelle *le vin du broc*, dont deux verres suffisent pour tuer leur homme (1).

236. *La taupe est l'ennemie de l'agriculture.*

D'une manière *relative* oui, mais d'une manière *absolue* non. Il est clair que si dans mon jardin, par exemple, elle bouleverse mes terres sans compenser les dégâts qu'elle me cause, je dois la détruire. Mais, l'Académie des sciences a prouvé, par des statistiques, qu'il ne fallait pas dire sans restriction : « *Mort aux taupes* ». Le jour où l'agriculture serait privée de ces animaux souterrains, qui détruirait le *ver blanc*, c'est-à-dire la larve du hanneton, insecte si destructeur? Oui, qui pénétrerait assez profondément dans la terre pour atteindre

(1) Parmi les lundis célèbres et autorisés, rappelons le lundi *Gras;* le lundi *Saint;* le lundi de *Pâques;* le lundi de la *Pentecôte.*

cette vermine dont les jardiniers ne connaissent que trop les ravages? Avant de prononcer un arrêt de mort, soyons circonspects. Peu d'animaux sont à retrancher de la liste des vivants. A mon avis, le mieux est de procéder mathématiquement, en faisant intervenir les deux premières règles de l'arithmétique. Voici comment :

1° Additionnez d'une part les *méfaits* dont l'animal se rend réellement coupable, et, d'autre part, les *services* dont il faut lui tenir compte. 2° Soustrayez le plus petit nombre du plus grand, puis tuez ou conservez, selon que le mal l'emporte sur le bien, ou que le bien l'emporte sur le mal.

Cette méthode d'équité, d'impartialité, en un mot de justice, je l'applique au jugement que finalement je dois porter sur un homme célèbre, loué par les uns, et attaqué par les autres.

Qu'il s'agisse, par exemple, de Louis XIV. Je fais : 1° la somme de toutes les fautes politiques qu'il a commises; 2° celle de tous ses actes qui ont été favorables à la France, puis j'opère la soustraction. Quant à ma conclusion, la voici : oui, il a mérité le surnom de Grand.

237. *Le hérisson est l'ennemi du jardinier.*

Dites son ami. Voyons, que reproche-t-on à cet animal qui se défend sans combattre et blesse sans attaquer? Oui, que lui reproche-t-on? de manger quelques fruits tombés de l'arbre? quelques grappes de raisin qui pendent à terre? Soit, mais que sont ces prétendus vols, en comparaison des mollusques, des scarabées, des hannetons, des vers, et même des reptiles dont il vous débarrasse la nuit, pendant que vous jouissez des douceurs du sommeil? Paix, donc à celui dont il est dit : « Qui s'y frotte s'y pique. »

238. *Le pivert est l'ennemi de l'arboriculture.*
Cet oiseau, dit-on, perce les arbres de part en part et occasionne leur mort. Cet oiseau aurait un bec d'acier, que le percement qu'on lui attribue ne serait pas possible. Il est vrai qu'il frappe les écorces des arbres à coups de bec ; mais c'est pour obliger les insectes, dont il se nourrit, à quitter leur demeure ; et quand ces insectes nuisibles ne sortent pas de son côté, il va du côté opposé pour les saisir au passage, et non pour voir si le trou est fait. C'est donc un insectivore et non un oiseau malfaisant. Quant à faire un trou dans l'arbre pour y nicher, c'est possible. Que voulez-vous? Il faut bien qu'il niche quelque part.

238. *Le moineau est l'ennemi de l'agriculture.*
Posons-nous la question : Fait-il plus de mal

que de bien? Répondons y par la bonne et vieille histoire du grand Frédéric, roi de Prusse.

Sa Majesté voulait avoir des *cerises* sur sa table pendant une grande partie de l'année, et donnait ordre de lui en fournir par tous les moyens possibles. Oui, le royal philosophe de Sans-Souci se plaignait de la rareté de ce fruit, et gourmandait vertement les jardiniers. Ceux-ci, confus des reproches du souverain, déclarèrent que les moineaux, ces pillards effrontés, étaient seuls la cause de la rareté qu'on leur attribuait.

Grande colère de Frédéric, qui ordonna que la tête des moineaux fût mise à prix dans toute la Prusse. Il en écrivit à Voltaire, qui lui répondit qu'il était peu digne d'un aussi grand monarque d'attenter à la liberté de ces pauvres oiseaux à qui Dieu l'avait octroyée, etc., etc.

Frédéric maintint son décret. Les moineaux disparurent ; mais au bout de deux ans, non-seulement il n'y eut plus de cerises à Berlin, mais plus d'autres fruits. Les chenilles les dévoraient tous. Le roi comprit son erreur ; il se réconcilia avec les moineaux qui se chargeaient de détruire les chenilles, et le fruit favori reparut sur la table royale, Mais le plus piquant de l'anecdote, ce fut la pétition que Frédéric trouva au fond d'une assiette de cerises qu'on avait fait venir à grands frais de

Paris. Voici ce singulier placet, ayant trait sans doute à la politique :

« Sire,

« Trompé par de faux rapports, vous nous avez crus coupables, et vous nous avez condamnés à l'exil et à la mort. Mais voilà que vous avez bien moins qu'auparavant — je devrais dire que vous n'avez plus du tout de ces cerises que vous aimez tant. Laissez-nous revenir sur ces vieux arbres qui nous sont chers, car ils ont été nos berceaux, et bientôt vos tables se couvriront des fruits les plus savoureux.

« Seulement, ne nous chicanez plus à propos des cerises auxquelles nous toucherons. Considérez ce faible tribut comme le salaire légitime du service que nous allons vous rendre. Mieux vaut une bonne récolte avec quelques centaines de cerises de moins, qu'une disette de fruits la plus absolue.

« Si tel est aussi votre avis, dites un mot, sire, et nous accourons de notre aile la plus légère.

« *Un vieux moineau exilé.* »

Depuis ce temps, l'État protège en Prusse, comme du reste dans toute l'Allemagne, les oiseaux favorables à l'agriculture. Pourquoi les détruirions-nous en France ?

240. *La lune est l'ennemi des végétaux.*

Il s'agit ici de la *lune rousse* qui, commençant en *avril*, devient pleine, soit à la fin de ce mois, soit plus ordinairement dans le courant de *mai*.

Suivant les jardiniers, les jeunes feuilles, les bourgeons qui sont exposés à la *lumière de la lune* dans les mois d'avril et de mai, *roussissent*, c'est-à-dire se gèlent, quoique le thermomètre se maintienne dans l'atmosphère à plusieurs degrés au-dessus de zéro. Cette congélation, qui est réelle, est faussement attribuée à notre satellite. C'est (comme on l'explique dans les cours de physique), à la sérénité du ciel qui produit un *rayonnement* excessif vers les espaces célestes qu'est dû le refroidissement qui, à cette époque de l'année, peut aller jusqu'à geler les germes poussés.

N'oublions pas que la *chaleur* produite par la lune est à peine sensible, et que sa lumière est très faible relativement à celle du soleil.

Quant à son action chimique, elle est peu intense. Au reste, cette erreur vulgaire est loin d'être préjudiciable à l'agriculture, puisque les horticulteurs redoublent de précautions pour protéger leurs végétaux, croyant avoir affaire à un ennemi qui existe, mais qui n'est pas celui qu'on leur a mis dans la tête. C'est absolument comme si un juge condamnait un individu par le seul fait qu'il a été témoin d'un vol ou d'un meurtre. La lune est dans le même cas ; elle vient à l'appui de cet aphorisme qu'il est dangereux d'être en mauvaise compagnie. Que de choses on attribue encore, bien à tort, à notre innocent satellite !...

« *La lune compromet la vue des chevaux.* »

C'est elle qui leur cause la fluxion périodique des yeux auxquels ils sont sujets, ainsi que certaines maladies dites lunatiques. Les phases de la lune sont étrangères à ce genre d'infirmités.

« *La lune mange les pierres.* »

Bon, voilà que notre satellite a l'appétit de Saturne dévorant ses enfants.

La lune rousse a aussi sa légende :

Tous les ans, Laplace, (le célèbre auteur de la *Mécanique céleste* et de l'*Exposition du Système du monde*,) était tenu, en sa qualité de Président du *Bureau des longitudes*, de présenter au roi l'*Annuaire* que compose cette savante société.

Or, un jour, il arriva que Louis XVIII (il avait l'esprit malin) ne se contenta pas de recevoir des mains de l'ancien sénateur le petit volume relié en maroquin rouge, fleurdelisé et doré sur tranche ! « Monsieur le marquis, dit-il de son air le plus aimable, pourriez-vous me dire ce que c'est que la lune rousse, vous qui expliquez si bien le système du monde ? »

Laplace, qui n'avait jamais entendu parler de cette lune, et pour cause, fut interdit : « La lune rousse... balbutia-t-il ; je ne sais ce que Votre Majesté veut dire. Je connais la pleine lune, la nouvelle lune, mais il n'y a qu'une seule lune autour de la terre ; elle est plus petite que le soleil, et... » Le roi tourna sur ses talons sans répondre, et le soir, à son jeu, il rit beaucoup d'avoir embarrassé *ses* astronomes, qui veulent tout expliquer, et qui ne savent pas ce que c'est que la lune rousse.

Laplace se rendit tout consterné à l'Observatoire. Il y trouva Arago, qui ne tarda pas à s'apercevoir que son illustre confrère avait quelque grand chagrin, et il l'interrogea sur la réception que le roi lui avait faite. Laplace finit par avouer ce qui s'était passé au château. Il fut alors convenu qu'Arago chercherait à savoir ce que cette maudite lune rousse pouvait bien être.

Le jeune astronome se rendit au Jardin des Plantes. Il interrogea les jardiniers qui travaillaient dans les carrés, et là il apprit qu'il y avait parmi les cultivateurs une croyance populaire à laquelle le roi avait fait allusion ; croyance qui attribuait à la dernière lune d'avril le pouvoir de jeter un sort sur la végétation. Mais ce petit incident tourna au profit de la science, puisque ce fut à cette occasion qu'Arago donna la véritable explication du phénomène, celle qu'aujourd'hui on donne dans les cours de physique et d'astronomie.

241. *La lumière de la lune putréfie les matières animales.*

Il est vrai que si on expose un morceau de viande aux rayons de la lune, il se gâte plus promptement qu'un autre morceau garanti par un écran, ou un couvercle ; mais c'est encore par l'effet du rayonnement, qui le refroidit et le charge d'une plus grande humidité ; or, l'eau est un principe de décomposition pour les matières animales, car on les sèche pour les conserver.

Le seul effet bien constaté produit par la lune, est celui du flux et du reflux de la mer. Oui, les marées sont dues à l'action combinée de la lune et du soleil ; mais comme l'astre radieux est quatre cent fois plus éloigné de nous que notre satellite, la lune, toute petite qu'elle est par rapport au soleil, exerce une action prépondérante dans l'accomplissement de ce *phénomène* que les anciens, dans leur désespoir, appelaient le *tombeau de la curiosité humaine,* tant l'explication leur en semblait difficile.

Complétons ce numéro par deux proverbes qui tombent à faux :

1° LA PLUIE ET LE BEAU TEMPS

> Quand il pleut le jour de la saint Médard,
> Il pleut quarante jours plus tard ;
> Mais vient le bon saint Barnabé
> Qui peut tout réparer.

A coup sûr, saint Médard et saint Barnabé ne sont pour rien dans les contradictions que renferme ce dicton populaire.

2° LES TROIS SAINTS DE GLACE

Saint Mamert, saint Pancrace et saint Gervais sont ce qu'on appelle les trois saints de glace.
On peut affirmer qu'ils ne sont pour rien dans les changements de température. On est porté à croire que les froids dangereux pour les végétaux observés au mois de mai, sont dus à des bolides. En même temps, paraît-il, l'ozone de l'air devient plus considérable. Mais, encore une fois, les saints

du calendrier ne sont pour rien dans ces troubles atmosphériques.

LES ASTROLOGUES

242. Quand on pense qu'il y a encore des gens qui croient aux prédictions météorologiques de Nostradamus et de Mathieu Lœnsberg!

Ce Nostradamus était un astrologue du seizième siècle qui croyait avoir le don de prophétie. Catherine de Médicis, qui était fort superstitieuse, lui fit tirer l'horoscope de son fils (Charles IX), ce qui ne l'empêcha pas de lui faire signer les massacres de la Saint-Barthélemy. De 1550 à 1567, il publia un *almanach* qui contenait des prédictions sur le temps et les saisons.

Quant à Mathieu Lœnsberg, c'est l'auteur du fameux *Almanach de Liège*, accompagné de pronostications et de prophéties pour tous les mois de l'année. On ne sait rien de bien positif sur ce personnage du dix-septième siècle; on ne sait même pas si c'est un nom réel ou supposé. Son almanach paraît avoir été publié pour la première fois vers 1636.

Les prédictions de ces astrologues, concernant

la pluie et le beau temps, n'étaient fondées sur aucune recherche, sur aucune étude sérieuse; c'était le caprice, c'était le hasard qui les faisait publier; aussi les voyait-on rarement se réaliser; cependant bien des gens y croyaient et y croient encore.

« Jamais, a dit Arago en 1846, quels que puissent être les progrès des sciences, les savants de bonne foi et soucieux de leur réputation ne se hasarderont à *prédire le temps*. Une déclaration si explicite me donnerait le droit d'espérer qu'on ne me fera jamais l'injure de jouer le rôle de Nostradamus ou de Matthieu Lænsberg. Des centaines de personnes, qui cependant ont parcouru tous les échelons des études universitaires, ne manqueront pas de m'assaillir cette année, comme elles le faisaient antérieurement, de ces questions vraiment déplorables à notre époque : l'hiver sera-t-il rude? Pensez-vous que nous aurons un été chaud, un automne humide? Voilà une sécheresse bien longue, bien ruineuse; va-t-elle cesser? »

Quant au *service météorologique actuellement organisé à l'Observatoire de Paris* et ailleurs, il est confié à des hommes de science aux lumières desquels on peut se fier.

CHAPITRE VII

PRÉJUGÉS

CHAPITRE VII

PRÉJUGÉS

243. Je ne connais pas d'étude plus intéressante, plus instructive que celle de la marche progressive de l'intelligence humaine.

Pour peu que l'on soit doué de l'esprit philosophique, on aime à suivre dans ses diverses évolutions cette pauvre créature humaine livrée à elle-même, avec la seule raison que Dieu lui a donnée, en la plaçant sur cette espèce d'observatoire que l'on appelle la *Terre*.

Que de problèmes à résoudre tant dans l'ordre physique que dans l'ordre moral! Que d'erreurs, que de *préjugés* inévitables!

Ainsi, comment croire, tout d'abord, que les phénomènes du tonnerre, des éclairs, de la foudre, des éclipses, de l'apparition des comètes... ont leur explication mathématique dans la constitution de l'univers? De là, cette croyance que ces phénomènes naturels étaient des signes visibles de la colère divine et le présage d'un grand malheur.

Comment aussi savoir, tout d'abord, que la terre est soumise à deux mouvements : l'un de *rotation* par elle-même et l'autre de *translation* autour du soleil, alors que nous n'avons conscience, ni de l'un ni de l'autre; de là, le préjugé du *lever* et du *coucher* de l'astre radieux; de là, le principe de l'*immobilité* de la terre; de là, la croyance qu'elle est située au centre du monde; de là, un système astronomique, celui de Ptolémée, fondé sur les *apparences*, enseigné, préconisé pendant les quatorze siècles qui ont précédé le système de Copernic, basé sur le mouvement réel de notre planète.

Comment croire, tout d'abord, que le soleil est plus volumineux que la terre?

Comment croire, tout d'abord, que la lune n'est pas plus petite au zénith qu'à l'horizon?

Comment croire encore que *Vesper* et *Lucifer* ne sont pas deux astres différents? Oui, comment l'homme pouvait-il savoir *ex-abrupto* qu'il était la dupe d'une foule d'illusions d'optique? Les préjugés de cet ordre par lesquels il a passé, étaient, je le répète, inévitables, et il lui a fallu passer par l'erreur pour arriver à la vérité.

En ce qui concerne la découverte des moyens préservatifs de sa santé, pour prolonger son existence, lui a-t-il été possible de découvrir tout d'abord les propriétés hygiéniques, médicinales des plantes, des végétaux? Non. De là encore une source d'erreurs qu'il a fallu primitivement subir.

Parmi les préjugés (erreurs avec une certaine apparence de vérité), il y en a de dangereux, comme il y en a d'inoffensifs. Nous en citerons même de respectables, à un certain point de vue.

« Les préjugés, » a dit Voltaire, « sont les rois du vulgaire. »

« L'homme a ses préjugés dans tous les coins de la terre ». (Pope, poète et philosophe anglais, 1688-1744.)

« Il y a les préjugés de la superstition. » (Montesquieu.)

« C'est dans l'enfance que nous sommes imbus des préjugés qui retardent les progrès de nos connaissances. Quand les philosophes s'entêtent une fois d'un préjugé, ils sont plus incurables qu'ailleurs, parce qu'ils s'entêtent également et du préjugé et des fausses raisons dont ils le soutiennent. » (Fontenelle.)

« Certains préjugés, sucés avec le lait, deviennent nos tyrans jusque dans la vieillesse. » (Chénier.)

LES AUTEURS CLASSIQUES

244. Loin de moi la pensée de venir critiquer les auteurs grecs et latins, véritables chefs-d'œuvre de l'esprit humain comme vient de le rappeler, avec beaucoup d'à-propos, un homme très versé dans toutes les questions qui touchent de près ou de loin à l'Université (1). Mais enfin, il faut bien le reconnaître, les fables, les erreurs abondent dans les livres mis entre nos mains sur les bancs du collège.

Sans remonter jusqu'à l'antiquité, ne pouvons-nous pas citer le bon et sage Rollin (2)? notre immortel Lafontaine (3) qui si souvent fait parler les bêtes à contre-sens?

Supposons, par exemple, qu'un maître fasse traduire à son élève un passage d'Elien (4) ou de Pline (5), sur l'histoire naturelle des poissons; il y trouvera qu'il existe une espèce de Lamproie

(1) M. Bardoux.
(2) Célèbre professeur et recteur de l'Université, auteur du *Traité des études* (1661-1741.)
(3) (1621-1695).
(4) Écrivain grec du troisième siècle.
(5) Célèbre naturaliste romain mort l'an 79.

nommée *Remora*, dont les dents sont si aiguës et les muscles si vigoureux qu'elle peut, à elle seule, arrêter un navire, et que le vaisseau qui portait Antoine à la bataille d'Actium, fut arrêté tout court par une de ces Lamproies ; que pareille aventure arriva à Périandre (un des sept sages) et à Caligula (empereur célèbre par ses folies). Ce bon et docte Pline était vraiment par trop crédule. Aujourd'hui que l'on connaît toutes les espèces de Lamproies, et qu'on les accommode à diverses sauces, on sait très bien qu'elles sont incapables d'arrêter un navire, à tel point qu'elles ne peuvent même pas arrêter la main de celui qui va les faire passer de vie à trépas.

Bien d'autres erreurs enseignées par les écrivains de l'antiquité ont été soutenues jusqu'à nos jours. C'est ainsi que bien des gens croient encore que *le lion a peur du chant du coq* (1), et même qu'il fuit à la vue de ce sultan de la basse-cour. Pour vous convaincre du contraire, allez au jardin des Plantes et faites chanter des coqs en présence des lions, et vous verrez s'ils en ont peur ; faites mieux, faites entrer l'un de ces gallinacés dans la cage du roi des animaux, et vous constaterez, par

---

(1) Qui ne connaît l'enseigne des auberges : « Au coq hardi. » (Un coq perché sur le dos d'un lion.)

vous-même qu'il n'en a fait qu'une bouchée.

Quant aux préjugés dont sont imbus les gens de la campagne, cela tient à ce que pendant des siècles on les a laissés croupir dans l'ignorance(1). Ainsi on continue à croire que les moutons devinent à l'*odorat* la présence du loup; qu'un troupeau ne franchira jamais le lieu où l'on aura enfoui quelque portion des entrailles d'un loup (2); qu'un violon monté avec des cordes de loup mettrait en fuite tout un bercail. Des expériences décisives ont été faites à cet égard: ainsi un cœur de loup a été suspendu au cou d'un mouton, et le pacifique animal a continué à brouter comme si de rien n'était.

---

(1) Combien on a raison de développer l'instruction primaire! de bons résultats ont déjà été obtenus. Ainsi, on a supprimé le *tir à l'oie*, qui était un jeu barbare. On déniche moins d'oiseaux. On commence à faire une distinction entre les animaux utiles et les animaux nuisibles. Les instructions du ministère de l'instruction publique, les publications périodiques telles que celles du *Journal des instituteurs*, du *Manuel général de l'instruction maire*, sont pour beaucoup dans les progrès que nous indiquons.

(2) A propos d'enfouissement, quand donc les gens de la campagne, pour éviter la *mouche charbonneuse*, enterreront-ils les animaux qui meurent, au lieu de les exposer aux ardeurs du soleil en les jetant sur le sol et souvent dans le voisinage des habitations?

Pourquoi donc aussi les sommeliers évitent-ils de mettre le vin en bouteille dans la période du décours de la lune? Parce que, disent-ils, les bouteilles casseraient.

245. Revenons au cours d'histoire naturelle à la façon des Anciens. Les fables de Phèdre nous parlent des *Greniers de la fourmi*, de sa *prévoyance* et de son *économie* (erreur reproduite par Lafontaine). Avec Hérodote, Xénophon, Plutarque, Tite-Live, Élien, Suétone, Pline, Aristote, saint Augustin, Pomponius Mélas, etc., n'est-il pas dit qu'il existe des contrées où les hommes ont une tête de dogue ou de bichon? des pays où ils n'ont qu'un œil? d'autres où ils n'ont qu'un pied sur lequel ils sautent, de sorte que, lorsqu'ils veulent courir, ils sont obligés de se mettre deux et de se tenir par le bras? d'autres enfin où ils n'ont point de tête ?

Ce n'est pas tout : le *lynx* (sorte de chat sauvage) voit à travers les murailles, (yeux de lynx ;) la *taupe* et le *colimaçon* sont aveugles-nés (1) ; les *corbeaux*, les *cerfs*, les *carpes* et les *perroquets* vivent aussi longtemps qu'a vécu le patriarche

---

(1) Il est vrai que la taupe a de très petits yeux, mais elle n'est pas aveugle. A quoi bon une très bonne vue pour vivre dans les ténèbres ?

Mathusalem ; le *cygne* chante *mélodieusement* au moment d'expirer ; le *crocodile* contrefait le cri des enfants pour attirer les hommes et les dévorer. Que de contes merveilleux ont été faits sur ce reptile ! Les anciens Égyptiens l'adoraient et les Égyptiens d'aujourd'hui le tuent (1).

Annibal fendit les Alpes avec du vinaigre ; le *pélican* se perce la poitrine pour nourrir ses petits ; les cadavres des *hommes* flottent sur le dos, tandis que ceux des *femmes* flottent sur le ventre, et cela par pudeur ; l'*autruche* poursuivie par le chasseur, cache sa tête derrière un arbre, persuadée que si elle ne voit pas son ennemi, c'est que son ennemi ne la voit pas, etc., etc.

De mon temps, nous apprenions tout cela avec nos auteurs. J'aime à croire qu'aujourd'hui les éditeurs ont fait insérer des notes rectificatives. Si cela n'était pas, il y aurait urgence à le faire.

Plusieurs de nos livres modernes méritent le même reproche. Par exemple, d'après la botanique historique et littéraire de Mme de Genlis, *la feuille du persil casse les verres*, le *Balawa (arbre au vernis de la Chine)*, porte des pierres à l'extrémité

(1) Le crocodile sort de l'arène féconde,
Et balance indécis entre la terre et l'onde.

(DELILLE).

de ses branches; les *Hylophages*, ancien peuple décrit par Diodore de Sicile (1), vivaient de feuilles d'arbres, grimpaient au sommet des rameaux pour y manger les jeunes bourgeons; sautaient d'arbres en arbres comme les singes et les écureuils, avec une légèreté telle que les branches les plus faibles ne pliaient pas sous le poids de leur corps.

De nos jours, n'a-t-on pas cherché, en Allemagne et en France, à remettre en crédit les merveilles de la *baguette divinatoire?* Les ouvrages de quelques médecins modernes n'ont-ils pas cherché à faire revivre une partie de l'ancienne école sur l'*influence des astres*, la *philosophie corpusculaire*, etc., tant il est vrai de dire qu'il est bien difficile de bannir entièrement les préjugés, quand ils ont fini par prendre racine.

Les gens bien élevés ne croient plus, dit-on, aux *sorciers*, aux *revenants*, aux *esprits follets;* voyez néanmoins, dit J.-B. Salgues, ce qui arriva quand quelques lutins s'emparèrent de la cave de M. Swebach; tous les salons de Paris n'étaient-ils pas en rumeur? Quels étaient les sectateurs, les zélateurs les plus animés de Cagliostro (2)? N'était-

(1) Historien grec du siècle d'Auguste.
(2) Charlatan, médecin, alchimiste, prophète (1743-96).

ce pas encore l'élite de la cour et de la ville? Et lorsque je vois une longue file de voitures à la porte de la célèbre demoiselle L. R., ne puis-je pas me dire d'avance : ces voitures sont celles des plus riches, des plus aimables et des plus jolies femmes de Paris, qui vont se faire dire *leur bonne aventure?* Ainsi, l'erreur est de toutes les conditions, de tous les âges, avec cette distinction toutefois, que, parmi le peuple, ou mieux parmi la classe ouvrière, l'erreur est due à l'ignorance, tandis que, dans les classes élevées, elle est l'effet de l'imagination. Les uns n'étendent pas assez le domaine de la pensée, les autres l'étendent trop loin ; on s'égare parce qu'on ne veut pas se renfermer dans le cercle modeste de la raison et du jugement.

Puis, qui n'a entendu parler du *magnétisme animal* préconisé par l'allemand Mesmer, avec son système qui n'existe plus que de nom? Enfin, tout récemment, que de têtes ont tourné avec les *tables tournantes,* le *spiritisme,* les *esprits frappeurs,* comme si on avait voulu nous ramener aux sciences occultes!

Après cet *exposé général,* attachons-nous à des questions particulières. Mais d'abord, rendons grâce aux progrès des sciences dont l'humanité a largement profité :

Ainsi, on n'étouffe plus entre deux matelas les

malheureux qui ont été mordus par un chien enragé.

On ne met plus le noyé *la tête en bas*, pour lui faire rendre toute l'eau que l'on croyait, bien à tort, être en abondance dans l'intérieur de son estomac.

On ne dit plus d'un *fou :* c'est à la nature à le guérir, la médecine n'y peut rien.

On ne croit plus à la fin du monde causée par une éclipse totale du soleil; on ne croit plus à un choc de la terre et d'une comète, etc.

LES TROIS PROBLÈMES D'ARISTOTE

246. *1° Pourquoi l'homme tousse-t-il, alors que le bœuf et la vache ne toussent pas?*

2° Pourquoi l'homme rote-t-il (rot, vapeur qui s'élève de l'estomac et sort de la bouche avec bruit) *alors que les chevaux, les bœufs et les ânes sont exempts de cette incongruité?*

3° Pourquoi de tous les animaux, l'homme est-il le seul qui blanchisse?

Réponses. 1° Les remèdes prescrits pour la toux du bœuf et de la vache, prouvent que ces animaux n'en sont pas affranchis.

O.

2° Des observations journalières et le témoignage de Columelle (1) donnent tort à Aristote.

3° Ne confondons pas le changement de robe des animaux septentrionaux qui, pendant l'hiver, deviennent blancs, avec le fait qu'a en vue Aristote, à savoir la blancheur tenant à l'âge. Il est d'ailleurs incontestable que dans nos pays, les chiens, les chevaux prennent des poils blancs avec l'âge.

A cette occasion, tout en reconnaissant le génie encyclopédique du fondateur de l'école péripatéticienne, mentionnons cette erreur grave, à son quatrième livre des météores, que *le sel se dissout le plus aisément dans l'eau froide.* D'après Dioscoride (2), *l'argent vif se conserve mieux en des vases de plomb ou d'étain qu'en tout autre.*

Revenons à Aristote : pourquoi ne cite-t-il qu'une seule fois Hippocrate auquel il a fait tant d'emprunts ?

A ce propos, rappelons que le plagiarisme existait chez les Anciens, comme il existe de nos jours. Ce qu'Ovide a écrit de meilleur, ce sont ses *Métamorphoses.* A qui les doit-il ? à Parthénius

---

(1) Le plus savant agronome de l'antiquité, né dans le 1er siècle de l'ère chrétienne, à Gadès, ville phénicienne en Hispanie.

(2) Médecin grec du premier siècle de notre ère.

de Chio, et il ne le nomme même pas. Virgile, qui doit infiniment à Homère, ne l'a jamais cité dans ses poésies. Pline l'Ancien a commis la même faute à l'égard de Dioscoride.

Dans l'ordre des mathématiques, il est vraiment fâcheux pour la mémoire de Newton, que les noms de ses deux illustres précurseurs, Galilée et Képler, ne se soient jamais trouvés au bout de sa plume. Il est bien à désirer que les hommes renoncent une fois pour toutes à se parer ainsi des dépouilles d'autrui; et s'il leur arrive quelquefois d'éviter le plagiarisme, c'est moins en eux sincérité que la crainte d'être découverts; c'est ce qui nous produit des citations et non des copies.

LE DIAMANT D'APRÈS LES ANCIENS

247. On poserait cette question à un candidat (baccalauréat ès-sciences) : *Quel rapport y a-t-il entre le diamant et le sang du bouc?* que, à coup sûr, il répondrait : *je n'en sais rien*, et il aurait parfaitement raison. Eh bien, Pline l'Ancien (souvent nommé), n'est pas de cet avis. Selon lui, ce minéral peut être *amolli* et même *brisé* par du sang de bouc. Il est vrai qu'il y a des réserves : il faut, dit-

il, pour que le phénomène s'accomplisse, que le sang de l'animal soit chaud, et qu'on frappe le diamant, à coups de marteau, sur une enclume. Dans nos cours de physique, on enseigne et on doit enseigner que le diamant (carbone cristallisé) ne dément pas son nom étymologique de *indomptable*, puisqu'il est démontré qu'il raye tous les corps, et qu'il n'est rayé par aucun (1).

A propos du bouc, rappelons cette opinion bien singulière, que son sang était un remède spécifique contre la *pierre*. Hélas! que cela serait préférable à l'opération de la lithotritie, consistant à broyer

(1) Fin tragique de Pline né l'an 23 de Jésus-Christ, à Côme ou à Vérone. Sa mort, l'an 79, se rattache à l'une des plus terribles révolutions physiques que l'on puisse citer. Ce savant commandait la flotte à Misène, lorsque le Vésuve fit éruption après un repos de plusieurs siècles, et détruisit entièrement Herculanum, Pompéi et Strabies. Pline fit rallier un navire pour observer de plus près ce phénomène volcanique, et, au milieu de l'effroi général, il dictait à ses secrétaires la description de tous les accidents de l'éruption. Arrivé à Strabies, chez un ami, il se reposa tranquillement jusqu'au moment où on fut obligé de l'éveiller, parce que la cendre et les pierres allaient l'enfermer dans son appartement; et bientôt, en essayant de fuir à l'approche d'un torrent de lave, il fut asphyxié par la vapeur sulfureuse qui s'en dégageait. Ce martyr de la science mourut *au champ d'honneur* pour me servir ici d'une expression consacrée de nos jours.

ce calcaire dans la vessie, et à le réduire en poussière. Il y a quelques années, on avait prétendu que, à Vichy, l'eau thermale des Célestins avait la propriété de *dissoudre la pierre*, et alors il arriva que, pour éviter l'opération, des personnes atteintes de cette affection, eurent l'imprudence de boire, à la source même, une quantité d'eau si considérable, qu'elles succombèrent à une *congestion cérébrale*.

LE VERRE ET LA PORCELAINE D'APRÈS LES ANCIENS

248. La découverte du *verre* serait due à des voyageurs phéniciens qui s'étant, par hasard, servis de *natron* au *natrum* (minéral) pour construire un foyer sur le sable du désert, trouvèrent dans le foyer une combinaison fondue de *silicate de soude*, c'est-à-dire du verre. Il est impossible d'admettre un fait qui suppose une température beaucoup plus élevée que celle produite par les voyageurs phéniciens.

Une idée généralement reçue était que *le verre est un poison*. C'est si peu un poison qu'on en recommandait l'usage pour la guérison de la pierre.

D'ailleurs, réduisez du verre en poudre très fine ; introduisez-le dans du beurre ou de la pâte, et faites-le avaler par un chien, et vous constaterez que l'animal n'est nullement empoisonné.

En ce qui concerne la *porcelaine*, il y avait bien des préjugés. On la croyait communément faite d'une terre enfouie pendant cent ans dans le sol, pour le rendre apte à recevoir les préparations nécessaires. Au reste, il y avait contradiction entre les auteurs. Selon *Guy Panciroli*, jurisconsulte (1523-1599), la porcelaine était faite de coquilles d'œufs, de coquilles d'écrevisses et de *gypsum* (pierre à plâtre) enfouis dans la terre pendant quatre-vingts ans. *Scaliger* (1) et d'autres savants étaient du même avis. *Ranuzius*, au contraire, soutient, dans sa description, que la porcelaine est faite d'une terre séchée au soleil pendant quarante ans. *Gonzalès de Mendoze* (Philippe II, roi d'Espagne, l'envoya en Chine) dit, d'après un examen fait sur les lieux, que la porcelaine est une terre de chaux qui, étant trempée et battue dans l'eau, renvoie à la surface une sorte de graisse, et laisse au fond un sédiment grossier ; que les vases les plus fins sont faits de cette graisse, et que le sédiment sert de matière

---

(1) Célèbre érudit de Vérone (1484-1558). Son fils, philologue distingué (1540-1609).

aux vases plus grossiers ; que, lorsqu'ils sont formés, on les dore, ou on les peint, et que, loin d'attendre cent ans (c'est en effet un peu long), on les
met au four incontinent ; il ajoute que tout cela est
de notoriété publique. La relation de *Linschosen*,
qui a navigué dans l'Orient, s'accorde parfaitement
avec celle de *Mendoze*. Le *P. Alvares*, jésuite qui
a séjourné longtemps en Chine, confirme ce que
nous venons de dire.

La relation des ambassadeurs que la Compagnie
Hollandaise des Indes Orientales envoya de Batavia
à l'empereur de la Chine, mérite d'être rappelée ;
elle fut publiée en français l'an 1665. Elle donne
comme positif que l'on faisait venir des montagnes
d'Hoang par eau, en pièces carrées et marquées
au sceau de l'empereur, la terre dont on forme les
vases de porcelaine ; que cette terre est très maigre ;
qu'elle est fine et luisante comme du sable ; qu'on
la prépare et qu'on la travaille de la même manière
que les Italiens préparent et travaillent la terre
dont ils font leur faïence ; que leurs porcelaines
sont colorées avec de l'indigo, et qu'on les fait
cuire au feu pendant quinze jours avec du bois
très sec et qui ne fume point.

Je l'ai dit et je le répète, je ne connais pas d'é-
tude plus piquante et plus instructive, que celle
qui consiste à suivre ainsi l'homme dans ses di-

verses évolutions, quand il est à la recherche des découvertes desquelles dépendent son bien-être et son existence. Que de tâtonnements! que de déceptions! mais aussi quelle satisfaction, quelle fierté légitime, quand il a résolu le problème dont il cherchait la solution!

L'ESCARBOUCLE

249. Pendant longtemps, on a cru que cette pierre précieuse, d'un rouge foncé et d'un grand éclat, avait la propriété de jeter du feu dans l'obscurité, ce qui est faux. Ce qu'il y a de vrai dans ce préjugé, c'est que la pierre en question est très éclatante, et que sa lumière imite en quelque sorte celle du feu; mais n'allons pas plus loin. Ce n'est sans doute que par métaphore qu'il est dit de l'éphod servant d'ornement à la tunique d'Aaron, frère aîné de Moïse, que ce bijou servit à brûler la ville de Laïs, et qu'un éphod servit aussi à Samson pour incendier les moissons des Philistins.

Quant à l'escarboucle des Indes, qui répandait tant de feu pendant la nuit, qu'elle fut montrée à des officiers du roi, il a été découvert que ce prétendu phénomène n'était qu'une fable. Il n'en est plus de même du *phosphore*, ou pierre de Bologne, qui brille dans les ténèbres : c'est là un fait bien constaté.

LA MANDRAGORE

250. Que de faussetés concernant cette plante narcotique !

1° Sa racine ressemble à la figure de l'homme.

2° Elle croit au-dessous des gibets des pendus.

3° Sa racine pousse un cri quand on l'arrache.

4° Elle porte malheur à ceux qui la déracinent : leur mort est prochaine.

5° Circé n'opérait des choses extraordinaires qu'à l'aide des vertus de cette mandragore (1).

Les progrès de la science ont fait justice de toutes ces erreurs. Nous en dirons autant de la *canelle*, du *gingembre*, du *clou de girofle*, de la *noix de muscade*, qui, croyait-on, étaient le fruit d'un même arbre ; du *qui* provenant des semences

(1) Célèbre magicienne de la Fable, souvent citée dans l'*Odyssée* d'Homère.

que certains oiseaux, surtout la grive et le ramier, laissent tomber sur les arbres; Virgile, Pline et plusieurs autres lui attribuent la même origine. Quand aux vertus magiques attribuées à cette plante parasite citée en dernier, et qui naît sur les branches de certains arbres, il faut se reporter aux Druides, prêtres gaulois, qui avaient un respect particulier pour le chêne et pour le gui, qu'ils recueillaient avec un cérémonial que Pline a décrit. Le grand-prêtre montait sur l'arbre, coupait ce gui avec une serpe d'or, et le recevait dans la robe blanche dont il était revêtu. A partir de ce moment, l'objet coupé était un objet sacré et devenait un antidote universel. Pendant longtemps, on a cru que ce végétal guérissait les épilepsies.

Puisque nous en sommes à certaines plantes qui avaient, disait-on, la propriété d'opérer des guérisons, citons le *bugle* (labiée) et le *sanicle* (ombellifère) en l'honneur desquels on avait composé le dicton :

> Avec le bugle et la sanicle
> On fait au chirurgien la nique.

C'est qu'en effet les croyances populaires lui attribuaient la propriété d'arrêter les hémorragies, etc.

Parlerons-nous de la *rose de Jéricho*, si célèbre

parmi les chrétiens, rose qui, disaient les imposteurs, refleurissait tous les ans à la veille de Noël? De la *lunaria* qui rompait les serrures, et faisait tomber les fers des chevaux qui passaient dessus? Du *laurier femelle*, du *figuier*, de *l'aigle*, de la *peau du veau-marin* qui préservaient du tonnerre et des éclairs, alors qu'on montrait en Italie un laurier brûlé par la foudre!...

La frayeur causée par le bruit du tonnerre nous rappelle que l'empereur Auguste se cachait dans des souterrains pour se garantir de la foudre, alors que Tibère, au contraire, se posait en fanfaron en se plaçant sur la tête une couronne de *laurier* bravant ainsi la foudre (1).

Il y aurait tout un volume à écrire, si on voulait passer en revue les plantes dites médicinales aux temps des anciens : le *camphre*, *l'herbe de Saint-Jean*, *l'herbe de Saint-Pierre*, *l'herbe de Saint-Jacques* ou de *Saint-Joseph*, celle de *Marie* ou de *Barbe; l'herbe de la Trinité*, le *basilic*..... douées, plus ou moins, de vertus extraordinaires.

A propos de plantes, on a cru pendant longtemps qu'une certaine eau extraite de la belladone était infaillible pour faire disparaître les taches de la peau et entretenir la blancheur du teint. Hélas!

____

(1) On croyait que le laurier l'attirait.

elle serait bien préférable à toutes ces eaux artificielles qui, prétend-on, ont la vertu de préserver les femmes des *rides du visage;* à ces eaux qui servent à teindre spontanément, en beau noir, les cheveux gris, les barbes grises, etc. Méfiez-vous de toutes ces compositions chimiques qui renferment plus ou moins de *plomb,* substance extrêmement dangereuse.

L'OURSE

251. C'est encore une opinion reçue aujourd'hui, et qui nous a été transmise par les anciens auteurs, à savoir que l'ourse ne donne la forme à ses petits qu'à force de les lécher. (De là, le dicton : *ours mal léché.*) Aristote, Pline, Solin et Élien adoptent cette tradition, qu'Ovide a décrite en vers. Des expériences prouvent le contraire. Ainsi, dans la vallée d'Anavia, près de Trente, on ouvrit le ventre d'une ourse, et on constata que ses petits avaient tous leurs membres distinctement formés.

Les ours ne sont pas tous aussi mal léchés qu'on veut bien le dire; on en a vu de fort bien élevés. Un certain duc de Lithuanie en avait apprivoisé un qu'il nourrissait de sa main, qui allait dans les bois, en revenait et couchait dans la chambre de son maître. En Pologne, dit un *ancien* auteur, il n'y a guère de grand seigneur qui n'ait des ours dans son palais ; ils gardent la maison, ouvrent et ferment la porte et servent à table. Sans aller en Pologne, dans les foires ne voit-on pas des ours danser au son du tambourin ? Quant au dicton : « *C'est un ours mal léché* », il se dit d'un individu grossier, mal élevé, d'une humeur quinteuse et difficile, qui affecte dans ses discours et ses actions l'ignorance ou le mépris des bienséances.

LE LOUP

252. « *Si le loup aperçoit un homme avant qu'il en soit aperçu, incontinent cet homme devient enroué, ou perd la voix.* »

Pline dit que cette opinion existait en Italie : *In Italia, ut creditur, luporum visus est noxius, vocemque homini, quem prius contemplatur, adimere.*

Traduction : En Italie, l'on croit aussi que la vue des loups est funeste : ils font perdre la voix à l'homme qu'ils ont vu les premiers.

Virgile a dit :

Vox quoque Mœrim
Jam fugit ipsa, lupi Mœrim videre priores.

Traduction :

> Déjà même la voix manque à Mœris ;
> Ah ! Mœri ! des loups t'auront aperçu les premiers.

LE CERF

253. L'opinion qui donne une très longue vie à certains animaux, et principalement aux *cerfs* et aux *corneilles*, est une opinion fort ancienne. De là des proverbes et des expressions hyperboliques pour signifier une longue vie. La loi suivante, qui semble générale, prouve que le cerf ne peut pas vivre pendant plusieurs siècles. De tous les animaux vivipares, ceux-là ont une plus longue vie qui restent davantage dans l'intérieur du corps de la mère, c'est ce qu'on appelle la *gestation*, et qui arrivent plus tardivement au point de leur plus grand accroissement physique.

Le *cheval* qui vit plus de *trente* ans, parvient à son *accroissement maximum* vers la *sixième* année, après *dix* mois de gestation.

Pour le *chameau*, les nombres correspondants aux trois précédents, sont : cinquante ans ; sept ans ; treize mois (gestation).

L'*éléphant :* près de cent ans ; vingt ans ; près de deux ans.

La *brebis* et la *chèvre :* huit ou dix ans; deux ans; cinq mois.

On observe à peu près la même proportion pour le *chat*, le *lièvre* et le *lapin.*

Quant au cerf, comme il vient au monde au bout de neuf mois et qu'il ne croît plus après la sixième année, il ne doit pas, selon le cours ordinaire de la nature, vivre cent ans; et même, selon les règles de proportion ci-dessus, il ne doit guère vivre au-delà de la trentième année.

Suivant l'observation d'Aristote, on connaît l'âge du cerf par ses dents et par son bois; par ce procédé, on arrive à la vie moyenne de trente ans. Pline, parfois passionné pour le merveilleux, tombe dans une singulière méprise, quand il raconte qu'un cerf auquel Alexandre avait attaché un collier, fut pris vivant cent ans après la mort de ce prince. Lors même que ce cerf serait mort centenaire, ce serait un cas extraordinaire, exceptionnel. La même conclusion se présente à propos du chien d'Ulysse qui, dit-on, mourut à cent-vingt ans, de la mule d'Athènes qui vécut quatre-vingts ans. En ce qui concerne l'homme, l'âge attribué à Nestor ne détruit point ce que dit le Psalmiste, à savoir que la vie humaine ne va guère au delà de soixante-dix ans.

LE PHÉNIX

254. Que nos pères de l'antiquité étaient heureux quand ils se flattaient de l'espoir de pouvoir imiter cet oiseau merveilleux! Laissons-les parler: « Nous vivrons douze ou quinze siècles, et « nous mourrons ensuite; nous nous ensevelirons « et nous nous embaumerons nous-mêmes; nous « mettrons le feu à notre propre bûcher et nous « ressusciterons de nos cendres. » Quelle illusion! Et dire qu'elle a été partagée par les plus beaux génies des temps anciens! Parmi eux, citons Tacite (1), Solin et même les Pères de l'Église : saint Clément de Rome, saint Cyrille, saint Épiphane, saint Grégoire de Nazianze, saint Ambroise, puis encore saint Ambroise, Tertullien, Jole, Hérodote, Pline, Ovide, Lactance, etc.

Pour beaucoup d'entre eux le miracle de la résurrection du phénix servait à expliquer la résurrection du genre humain. « Considérez, dit saint « Clément, qu'il existe en Arabie un oiseau qui est « seul de son espèce. On l'appelle *phénix;* il vit

____

(1) Le plus grand peintre de l'antiquité! a dit Racine.

« cent ans, et lorsqu'il est près de mourir, il procède
« lui-même à son embaumement. Il cueille de la
« myrrhe, de l'encens et d'autres aromates, et s'en
« compose un cercueil odorant dans lequel il s'en-
« ferme au temps marqué, et meurt. Lorsque ses
« chairs sont consumées, il naît un ver qui vit
« aux dépens de la dépouille du phénix, et se cou-
« vre de ses plumes. Dès qu'il est assez fort pour
« prendre son vol dans les airs, il enlève le tom-
« beau où repose la dépouille mortelle de son
« père, et le transporte de l'Arabie jusque dans
« la ville d'Héliopolis en Égypte. Il traverse les
« airs en plein jour, à la vue de tous les habi-
« tants, va déposer son fardeau sacré sur l'autel
« du soleil, et s'envole. »

Les prêtres, en consultant leurs chroniques, ont
calculé que ce phénomène se renouvelle tous les
cinq cents ans. » (S. Clém., *in epist. ad Corinth.*)

Voilà certes une page éloquente en faveur de
l'existence du phénix et de sa résurrection. Hérodote (1) est le plus ancien historien qui en ait
parlé mais il est moins crédule que ceux qui en
ont écrit après lui. Il dit qu'il ne connaît l'oiseau
qu'en peinture, parce qu'il ne vient que très rarement en Égypte.....

______

(1) Surnommé le *Père de l'histoire*, (484-406 av. J.-C.)

Claudien (1) a consacré tout un poëme à cet oiseau fabuleux dont Aristote n'a jamais parlé. Terminons cet article par les trois vers :

> Sans mentir, si votre ramage
> Se rapporte à votre plumage,
> Vous êtes le phénix des hôtes de ces bois.
>
> (La Fontaine.)

LE CRAPAUD

235. Quel injuste portrait, que voici, de cet animal! « Ennemi de la lumière qu'il fuit, il semble « avoir honte de sa difformité; il se cache dans les « lieux les plus obscurs, se tapit sous des pierres, « s'enfonce dans des trous, *se nourrit de vers et de* « *limaçons* (tant mieux pour nous); toute sa per- « sonne porte le caractère de la réprobation. Il « semble né pour la fange au-dessus de laquelle « il s'élève à peine; son gros œil fixe, stupide et « rond, sa marche lourde et paresseuse, sa gueule « hideuse, son haleine infecte, en font un juste « sujet d'horreur et de dégoût; quelle est la jolie « femme qui pourrait soutenir la vue d'un crapaud, « sans être tentée de se trouver mal? »

------

(1) Poëte latin du ive siècle.

Enfants des écoles, croyez-moi; n'ajoutez pas foi à ce qui se dit de ce batracien. Plaidez au contraire sa cause. Pénétrez-vous bien de ce qui suit :

Le crapaud est l'*ami du jardinier*. Les services qu'il lui rend ne sauraient être trop popularisés. Sans lui, les *maraîchers* seraient ruinés; cela est si vrai, c'est qu'on fait de cet amphibie un commerce d'exportation considérable, surtout en Angleterre. Quel mal fait-il donc, ce reptil calomnié? Aucun. De quoi vit-il? de vers, d'insectes, de petits coquillages. Dans les jardins, touche-t-il aux légumes? Non. Fait-il la guerre aux chenilles, aux limaces et autres mollusques nuisibles aux potagers? Oui.

Mais, dit-on, il est affreusement laid. Que m'importe cette laideur, puisqu'il n'a pas, comme certaines gens, des prétentions à la beauté? Mais, dit-on encore, il a un cri affreux. Soit; mais il n'a pas non plus des prétentions au bel organe, comme certaines gens affligés d'une voix criarde, glapissante et fort désagréable. Que m'importent tous les contes qui ont été faits sur lui, sur son prétendu venin; sur sa bave, etc. !... Il y a, dit-on, des *pluies de crapaud* (1); tant mieux, on n'en aura jamais

----

(1) Il a été reconnu que parfois après une pluie d'orage, la terre se couvrait d'une multitude de petits crapauds. Ce phénomène, qui n'est pas rare en France, est

trop. En résumé, le crapaud n'est pas un enfant gâté de la nature : raison de plus pour le bien traiter.

LE CAMÉLÉON

256. Cet animal qui vit surtout de mouches, aurait peut-être passé inaperçu, sans la faculté remarquable qu'il possède, de *changer de couleur à volonté*, selon les impressions qu'il éprouve. Est-ce à dire qu'il n'ait pas une couleur qui lui soit propre? Non; mais sa nuance change sous l'effet des causes accidentelles auxquelles il est soumis. Sa couleur ordinaire est *jaune-paille;* mais sur un arbre vert, il devient, par suite du reflet, d'un *vert-tendre;* prenez-le dans la main (il est inof-

---

très commun à Carthagène et à Porto-Bello. On dirait que chaque goutte de pluie s'est transformée en crapauds. Les gens crédules, ignorants, croient qu'ils *tombent des nues* en forme de pluie. Il a été reconnu que ces innombrables légions de crapauds se trouvaient sous des monceaux de pierres, d'herbages, et dans des trous, d'où elles sortent pour saisir les insectes que la pluie fait sortir. Vienne ensuite un *vent impétueux*, et alors ces animaux sont transportés d'un lieu dans un autre, comme cela arrive au sable, aux plantes, aux chenilles, etc. Quel est donc l'aristocrate qui a prétendu que la sueur des *esclaves* donnait naissance à des crapauds?

fensif), et il sera d'un *brun rosâtre;* irritez-le, et il deviendra presque *noir*. On en a fait le symbole de ces gens versatiles qui, par ambition ou par faiblesse, changent d'opinions de manière à renier le lendemain ce qu'ils ont préconisé la veille. De là, les expressions si connues :

« *Les caméléons politiques abondent.* »

« *Peuple caméléon, peuple singe du maître.* » (LA FONTAINE.)

« *Le ministre ou plénipotentiaire est un caméléon, un protée.* (LA BRUYÈRE.)

Les anciens ont commis une grande erreur quand ils ont dit que cet animal ne vivait que d'*air*, puisqu'au contraire il est prouvé, et les Africains ne l'ignorent pas, qu'il vit d'insectes. Pline, Solin, Ovide et beaucoup d'autres avaient cette opinion. D'ailleurs, l'autopsie a prouvé que ces animaux sont doués d'un estomac, appareil digestif; d'intestins et d'autres éléments du suc nourricier. A quoi tout cela leur servirait-il si l'air était leur seule nourriture ? Il est vrai qu'ils restent longtemps sans manger, mais la nature ne fait rien d'inutile et de superflu. Puis le mot caméléon, tiré du grec, ne signifie-t-il pas petit lion, non qu'il ressemble au lion par sa forme extérieure, mais parce que, comme lui, il sait guetter sa proie et la saisir en lançant subitement sa langue ?

L'AUTRUCHE

257. Que cet échassier ait un excellent estomac, cela ne saurait être contesté ; mais pousser l'exagération (défaut assez commun chez les auteurs) jusqu'à dire qu'il *digère le fer*, je ne le crois pas. Aristote et Appien (1), qui ont traité particulièrement de l'autruche, ne disent rien de cette propriété, qui à leurs yeux était peut-être fabuleuse. Pline n'en parle pas davantage. Élien dit qu'il digère des *pierres*, mais il ne parle pas de métal.

J'admets que l'autruche dans sa voracité, avale le fer ; mais qu'elle le digère, je ne puis l'admettre ; nous-mêmes, digérons-nous tout ce que nous avalons, les *noyaux de cerises* par exemple ? Non ; ajoutons que des pointes en fer peuvent être émoussées dans le gosier de l'autruche. Un naturaliste rapporte qu'une pièce d'or avalée par un canard perdit seize grains de son poids dans l'estomac de ce palmipède.

(1) Historien grec du deuxième siècle.

LE COUCOU

258. Qui donc a mis dans la tête des gens de la campagne que le coucou (oiseau solitaire, au cri plaintif, de mœurs singulières), se livrait à des tours fantasmagoriques ?

« Vers la saint Jacques (1er mai) il se change
« en oiseau de proie ; puis, reprenant sa forme
« première au printemps, il revient dans nos
« contrées perché sur le dos d'un milan.

« En hiver, il se change en crapaud, et vit sans
« manger. »

D'autres erreurs le transforment en épervier vers le mois de juillet, et le représentent comme se nourrissant de cadavres ; après quoi, en avril, il redevient coucou.

On le signale encore comme faisant d'abondantes provisions. Ailleurs, on l'accuse de mauvais sorts, ou tout au moins d'annoncer les malheurs par son cri et sa présence. En Allemagne, on dit que le coucou qui chante au printemps annonce pour les enfants combien d'années ils doivent vivre ; pour les jeunes filles, *combien d'années elles attendront encore un mari.* Au moyen âge, on regardait la cendre du coucou comme souveraine contre l'épi-

lepsie. (Extrait du *Dictionnaire* de MM. Privat-
Deschanel et A.-D. Focillon).

Les progrès de la science ont fait justice de tous
ces préjugés qui, heureusement, sont inoffensifs.
Toutefois, il y a une chose qui n'est pas suffisamment expliquée par les naturalistes en ce qui concerne le coucou : c'est cette exception à la règle
fondamentale de *l'amour maternel* si prononcé
chez les animaux. C'est qu'en effet, la femelle du
coucou dépose son œuf dans un nid étranger, toutefois de préférence dans celui d'un bon petit
oiseau insectivore, tel que celui de la fauvette.
Comme circonstance atténuante, disons que le
coucou ne commet aucun dégât ; il y a plus, comme
il dévore la *chenille velue*, comme il se nourrit
presque exclusivement d'insectes, il faut le classer
parmi les oiseaux utiles à l'agriculture.

LES OISEAUX DE NUIT

259. Ces nocturnes, au beau plumage, commen-
cent à être un peu moins victimes du préjugé qui
en faisait des *oiseaux de mauvais augure*. Oui,
grâce à la diffusion de l'enseignement primaire,
on commence à apprécier les services de ces ani-

maux pour la destruction des souris et des *insectes nuisibles* (1). Aussi, voit-on *moins fréquemment qu'autrefois* des trophées pour lesquels il y avait des récompenses locales, car dans bien des localités on a, *à peu près*, renoncé à l'usage barbare de clouer morts ou vivants aux portes charretières et aux portes des granges les *hiboux* (2), les *chouettes*, les *ducs* grands ou petits, en un mot les *oiseaux de proie nocturnes;* oui, on commence a savoir que la *chouette,* malgré son cri désagréable, vaut à elle seule une demi-douzaine de chats, et que par conséquent elle fait une guerre acharnée aux rongeurs qui pénètrent dans les greniers, les poulaillers et les pigeonniers.

La pièce officielle suivante prouve que nous avons eu raison de faire nos réserves en ce qui

----

(1) Parmi eux citons surtout : l'altise, le puceron, la puce de terre, le charançon, la bruche des pois, la pyrale, le phylloxera.

(2) Quand on pense que l'apparition d'un hibou était pour les Romains un sujet d'horreur! Ces rois du monde, qui n'avaient pas peur du tonnerre, tremblaient cependant à la vue d'un oiseau de nuit. Par contre, Pline assure qu'un œuf de hibou, mangé en omelette, était un spécifique très propre à guérir la passion funeste de *l'ivrognerie.* Si cela était vrai, que d'omelettes de hibou on consommerait aujourd'hui!... Que diraient les marchands de vin?...

concerne les jeux barbares dans les campagnes. Il s'agit d'une circulaire adressée par M. le préfet de Saône-et-Loire à MM. les sous-préfets, maires, commandants de gendarmerie et commissaires de police du département :

« Mâcon, 12 juin 1879.

« Messieurs,

« Je suis informé que dans un grand nombre de communes du département, spécialement dans les campagnes, on organise, les jours de fêtes patronales, des tirs d'armes à feu dans lesquels on expose, au lieu de cible, des animaux vivants : oies, canards, poules, lapins, etc.

« Ce genre de divertissement constitue un acte de barbarie révoltant contre des animaux inoffensifs; il présente un spectacle cruel que nos mœurs réprouvent et qu'il importe de faire disparaître.

« Je crois devoir à ce sujet, messieurs, vous rappeler la loi du 2 juillet 1850, qui punit d'une amende de 5 à 15 francs et de un à cinq jours de prison ceux qui auront exercé publiquement et abusivement de mauvais traitements envers les animaux domestiques.

« Il suffira de ce simple avertissement, je l'espère, pour que les faits signalés ne se reproduisent pas. Je vous prie néanmoins de tenir la main, de votre côté, à l'exécution de mes instructions.

« Agréez, messieurs, etc.

« *Le préfet,*

« Ernest HENDLÉ. »

LE CORBEAU

260. Ce que nous venons de dire de la chouette s'applique en grande partie au corbeau, oiseau fin, rusé, méfiant et cependant facile à apprivoiser.

Sa couleur noire et son cri de coassement en ont fait un oiseau de mauvais présage. Quelle superstition ! Est-il de mauvais présage quand il va manger des chairs en pourriture dont l'odeur est infecte, (les mouches en sont avides et donnent la maladie fort dangereuse dite charbonneuse au point que sa piqûre peut être mortelle). Les Anciens l'avaient consacré à Apollon; ils cherchaient dans son vol, dans ses cris des indices de l'avenir.

Comme preuve de domesticité, on cite ce cordonnier qui, à Rome, avait appris à deux corbeaux à crier : à l'un Vive César, à l'autre, Vive Pompée !

Survint la défaite du second, et il fallut mettre à mort l'oiseau révolutionnaire.

LES POULES ET LES COQS

261. Il arrive que les poules pondent des œufs dits *stériles*, et l'on croit assez généralement dans les campagnes que ce sont des *œufs de coq*, et qu'il en sort des *serpents*. Quelle ignorance!...

On croit aussi que les œufs *hardés*, c'est-à-dire qui n'ont pas de coquilles (parfois mangés par la pondeuse), sont également produits par le coq et qu'ils donnent naissance à des *vipères*. Cette croyance est due sans doute à ce que les œufs de vipère ressemblent à ces derniers par l'absence de coquille.

A propos d'œufs : faut-il en briser la coque après les avoir mangés ? L'auteur qui veut qu'on salue ceux qui *éternuent*, (l'article sur l'éternument vient au nº 270), veut aussi qu'on brise la coque des œufs frais quand on les a mangés. A ses yeux, c'est un acte de civilité de la part des gens bien élevés. Pline en parle comme d'une coutume généralement répandue chez les Romains ; l'œuf était considéré comme un emblème de la nature, comme une substance mystérieuse et sacrée. Aussi, lorsque Julie, fille d'Auguste, sentit qu'elle allait devenir mère, elle désira ardemment avoir un fils. Dans sa croyance superstitieuse elle choisit un œuf, le mit dans son sein et l'échauffa soigneusement; lorsqu'elle était obligée de le quitter, une nourrice était chargée de lui communiquer sa chaleur. L'augure fut heureux, dit Pline : la princesse eut un coq de son œuf, et un fils de son époux. Ce fils fut Tibère, pour le malheur des Romains.

LA RATE

262. Qui pourrait au juste m'expliquer les fonctions de cet organe spongieux et vasculaire? Quant à devenir leste, agile, dispos en se faisant extirper la rate, je n'en crois rien, et à mon avis, *courir comme un dératé* est encore un de ces proverbes qu'il faut reléguer parmi les utopies.

LES SONGES — LES RÊVES — LES CAUCHEMARS

263. Les songes doivent-ils être soumis à un examen sérieux? Voyons, examinons.

Abraham et Jacob eurent en songe des visions *prophétiques*. Ce fut aussi un songe qui apprit à Joseph qu'un jour il régnerait sur ses frères; ce furent les songes des vaches et des épis que ce même Joseph expliqua au Pharaon, qui le firent passer de la prison à la vice-royauté de l'Égypte.

Les monarques d'Orient avaient à leur cour des devins chargés de leur expliquer leurs rêves? Ainsi, le Pharaon consulta Joseph, Nabuchodonosor consulta Daniel.

Rappelons encore que certains personnages prétendaient que le ciel leur envoyait des songes et leur dictait en dormant ses volontés suprêmes! c'est le pieux Énée qui au moment de quitter Didon, lui adresse ces paroles ;

Me patris Anchisæ quoties, humentibus umbris,
Nox aperit terras, quoties astra ignea surgunt,
Admonet in somnis et turbida terret imago.
Quand la nuit d'un long crêpe enveloppe les cieux,
L'ombre pâle d'Anchise apparait à mes yeux,
Et de *songes* affreux épouvante mon âme.

Platon ne rapporte-t-il pas que Socrate ayant entendu en songe ce vers d'Homère :

Tu verras, dans trois jours, ces fertiles contrées ;

se persuada qu'il mourrait dans trois jours, et que sa prédiction se vérifia.

Scylla ayant également rêvé que la Parque l'appelait, ne communiqua-t-il pas le lendemain ce songe à ses amis ; après quoi il fit son testament, et mourut le jour même ?

En fait d'histoire contemporaine, rappelons, avec Cabanis, que Franklin malgré sa sagesse et sa philosophie, croyait que le ciel l'avait plusieurs fois instruit, en dormant, de l'issue des affaires dont il était occupé.

Soit dit en passant, que pour les poètes les rêves sont d'une ressource merveilleuse, parce qu'ils leur fournissent une foule d'images qui impressionnent vivement leurs lecteurs.

Quand, par exemple, Néarque veut décider Polyeucte à se faire baptiser sans délai, Corneille lui fait dire :

Quoi vous vous arrêtez au songe d'une femme !
De si faciles sujets troublent votre grande âme !
Et ce cœur tant de fois dans le cœur éprouvé,
S'alarme d'un péril qu'une femme a rêvé !

Et Polyeucte lui répond :

Je sais ce qu'est un songe et le peu de croyance
Qu'un homme doit donner à son extravagance,
Qui d'un amas confus des vapeurs de la nuit
Forme de vains desseins que le réveil détruit.

Homère dit formellement que les rêves viennent de Dieu, et cela dans un vers dont voici la traduction :

C'est du grand Jupiter que les songes nous viennent.

L'ingénieux Platon, dont les idées ont toujours quelque chose de riant, d'élevé, de gracieux, regardait les rêves comme un moyen d'allier les cieux avec la terre; il supposait que dans le calme des nuits, les génies répandus dans les régions éthérées se reposaient auprès des mortels, imprimaient à leurs âmes des idées dégagées des sens, et transmettaient les ordres de Dieu. Cette opinion est moins sombre que celle de saint Thomas, qui place le diable à notre chevet, et lui impute toutes les folies qui se produisent dans notre sommeil.

Le subtil et judicieux Aristote admettait la *vertu des songes;* il voyait en eux des effets d'un ordre supérieur et divin.

Hippocrate, dans son art médical, prescrivait

des spécifiques pour se mettre à l'abri de leur malignité. « Si, dit-il, vous avez vu, en rêvant, pâlir les étoiles, hâtez-vous de courir *en rond;* si c'est la lune, courez *en long;* si c'est le soleil, courez *tant en long qu'en rond.* » A quoi songiez-vous, divin Hippocrate, pour dire de pareilles choses?

Que de contes n'a-t-on pas faits sur l'accomplissement des songes? Valère Maxime et Cicéron en racontent d'étranges.

Continuons à classer les faits :

On a entendu des avocats préparer, en dormant, la plaidoirie du lendemain; des prédicateurs la disposition des points principaux de leurs sermons. On assure aussi que des géomètres s'occupant en dormant de problèmes plus ou moins ardus, en découvrirent la solution dans les bras de Morphée.

Les quatre vers suivants ont été composés par Voltaire, et cela en dormant :

> Mon cher Touron, que tu m'enchantes
> Par la douceur de tes accents!
> Que tes vers sont doux et coulants :
> Tu les fais comme tu les chantes.

Il faut dire que la veille, ce Touron avait chanté fort agréablement des couplets qui s'étaient trouvés être du goût de Voltaire.

Condillac composa pendant son sommeil plusieurs pages de son *Cours d'études*.

J'aurais dû rappeler cette parole de Marc-Aurèle, le plus vertueux des empereurs romains (règne de 161 à 180) :

« Une marque de la faveur des dieux, c'est que dans mes songes ils m'ont enseigné des remèdes pour mes maux, et particulièrement pour mes étourdissements et mon crachement de sang. »

Ces faits prouvent surabondamment qu'à toute époque, les songes ont été pris plus ou moins au sérieux. Quant à ceux qui les discutent, ils sont loin d'être d'accord entre eux.

Les uns prétendent qu'on doit expliquer les rêves d'après les images qu'ils représentent ; les autres, qu'il les faut prendre en sens contraire. Comment concilier cela ?

On varie aussi sur les circonstances de temps, de lieux, de saisons. Plutarque croit que les rêves d'automne ne méritent aucune considération, parce qu'en automne on fait bonne chère et qu'alors presque tous les rêves sont le résultat d'une indigestion. Un docteur allemand a réuni en quelques strophes latines, toutes les manières d'interpréter les songes, et il y en a de véritablement singulières ;

La vue d'une belle eau limpide annonce le repos de l'esprit et la sérénité du cœur.

Le débordement d'un fleuve est le signe d'une proscription prochaine.

Attendez-vous à quelque malheur, si vous avez rêvé bonbon, gâteau sucré, crème, massepain, et généralement tout ce qui est doux et agréable au goût.

— Si vous pleurez en dormant, vous aurez de la joie en vous réveillant.

Si vous rêvez laitue, ce sera le présage d'une maladie grave.

— Si vous rêvez or, argent, trésor, ce sera l'indice de la misère et de la pauvreté.

Parmi ceux qui ont tourné le plus spirituellement les songes en ridicule, citons Cicéron, Xénophane (1) et les Epicuriens. Ils demandent ce qu'on ferait des rêveurs si, à leur réveil, ils conservaient les idées burlesques de leurs songes? N'est-il pas vrai, disent-ils encore, qu'il faudrait convertir tout l'univers en petites maisons d'aliénés? Comment? Dieu choisirait l'heure de notre repos pour nous parler à l'oreille; quelle fonction pour le Maître de l'univers que de venir ainsi toutes les nuits visiter nos grabats pour nous donner des conseils! Mais si Dieu voulait nous entretenir en secret, au-

____

(1) Philosophe grec (620-520 avant J.-C.) enseigna l'existence d'un seul Dieu.

rait-il besoin de la nuit? Ne pourrait-il pas aussi bien nous parler en plein jour? » Ceci nous paraît sans réplique.

Le Lévitique et le Deutéronome interdisent l'interprétation des songes; Salomon les tournait en ridicule.

Les conciles de Paris (829), de Milan (1565) les regardent comme un reste de paganisme et d'idolâtrie.

Les Capitulaires de nos rois condamnaient à des peines graves les interprètes des songes.

Cauchemar (*cauche-mar*, démon qui oppresse) est une sorte de délire qui nous survient durant le sommeil, pendant lequel, en proie à une forme particulière de songe, nous éprouvons un sentiment plus ou moins pénible d'oppression, de suffocation, mêlé de frayeur, avec gêne dans les mouvements, avec impossibilité de fuir si nous nous croyons poursuivis, de parler si nous avons besoin de nous défendre, de crier au secours si notre vie est menacée...

Une très forte émotion éprouvée dans la journée, un repas trop copieux, la manière dont on est couché, en un mot des causes très diverses peuvent causer cette sorte d'hallucination qui souvent, au réveil, nous laisse encore des traces dans l'esprit.

Chez l'enfant en bas âge, le cauchemar prend

quelquefois un caractère effrayant ; il se réveille en jetant des cris perçants. Sa figure est bouleversée ; parfois même il repousse le sein de la mère ou de la nourrice, tant chez lui l'émotion causée par le rêve a été forte. Heureusement que cette crise est d'une courte durée et qu'un sommeil réparateur la fait oublier. Contentons-nous de mentionner les *incubes* et les *succubes* esprits imaginaires (à une certaine époque, ils ont fait naître beaucoup. de contes ridicules), qui heureusement n'existeut plus de nos jours.

Nous ne pouvons mieux clore cet article qu'en reproduisant les vers que Delille a consacrés au songe et au cauchemar dans son admirable *Poème de l'Imagination*.

> Des songes, je le sais, la peinture bizarre,
> Souvent brouille, déplait, ou confond, ou sépare ;
> Ne croyez pas pourtant qu'envoyés sans dessein,
> Tous les songes ne soient qu'un simulacre vain (1).

---

(1) Cela est très vrai. Exemple à l'appui :

Il y a quelques années, on a exécuté à Paris un criminel qui vivait d'une affreuse industrie. Installé dans le voisinage de la Seine, il donnait, disait-il, bon gîte aux marchands forains à pied ou à cheval. Au milieu de la nuit, il les *étourdissait* par un coup de marteau appliqué sur la tête, puis les achevait, les coupait par morceaux qu'il jetait dans les latrines et dans le fleuve. Dans sa

Par eux déjà le ciel exerce la justice :
Le rêve du méchant est son premier supplice.
Sous ses lambris pompeux, dans son alcôve d'or,
D'un peuple que son nom fait tressaillir encor,
L'affreux dévastateur, au milieu des nuits sombres,
Des riches égorgés croit voir encor les ombres.
Un songe les lui montre un poignard dans le flanc,
Le poursuit de leurs cris, le couvre de leur sang.
Leur dépouille l'accuse ; en vain son cœur rappelle
La pauvreté paisible : il n'est plus digne d'elle.
Le ciel, pour le punir, lui laisse ses trésors ;
En proie à ses richesses, en proie à ses remords,
Comme un énorme poids, son or lui retombe,
Et des spectres sanglants l'entraînent dans la tombe.

défense, cet homme insista sur ce que, par *humanité*, il commençait par enlever à ses victimes toute sensibilité physique et morale. Or, dans une certaine nuit, il arriva que ce misérable, avec sa lanterne d'une main, et le maillet de l'autre, entrait dans la grange pour mettre en pratique son abominable théorie, quand au moment de frapper, l'homme se leva en sursaut en criant au secours : Un rêve, ou mieux un cauchemar, venait de lui mettre sous les yeux le sort qui l'attendait. Comme Avinain (fort, vigoureux, de haute taille), ne tuait que dans les conditions dont j'ai parlé, le crime ne fut pas consommé. Quand plus tard, celui qui avait *rêvé si à-propos*, apprit l'arrestation et le jugement de celui dont je viens de rappeler le nom, il fit sa déclaration à la justice ce qui l'amena à faire sa déposition à la cour d'assises : elle fut des plus dramatiques. Comme j'étais juré dans cette affaire, je puis en parler en connaissance de cause. Avinain sortait du bagne où il avait

L'ASTROLOGIE

264. *L'astrologie*, qui d'après son étymologie devait être la connaissance du ciel et des astres, ne tarda pas, après quelques services rendus à l'astronomie, à devenir l'art *mensonger* de prédire les événements moraux et politiques qui devaient s'accomplir par les aspects, les positions et les influences des astres. L'astrologie *naturelle* comprenait la prédiction des phénomènes tels que : le beau temps, la pluie, les inondations, les vents, les ouragans, les orages, les tempêtes, le tonnerre, les tremblements de terre, etc. L'astrologie *judiciaire*, au contraire, était l'art de découvrir dans les astres la *destinée des hommes*. « Le ciel, était, disait-on, un grand livre où Dieu a écrit de sa main l'histoire du monde, et où chacun peut lire son avenir. »

---

fait son temps. Il vint à Paris où il chercha à gagner honnêtement sa vie. « Eh bien, mon président, dit-il, repoussé de toutes parts, il m'a fallu tuer pour vivre, et j'ai tué. » Ces paroles furent prononcées avec une grande énergie. Comme les victimes étaient nombreuses, il n'y eut pas de circonstances atténuantes, et le meurtrier mourut sur l'échafaud.

L'origine de l'astrologie remonte à la plus haute antiquité; l'opinion commune la fait naître en Chaldée. Des auteurs, se fondant sur des témoignages que l'on ne saurait révoquer en doute, la croient originaire d'Egypte; quoiqu'il en soit, cette vieille erreur du genre humain a existé chez les Egyptiens aux temps les plus reculés.

De l'Egypte, cette prétendue science passa en Grèce.

Un de ses sept sages Chilon, le Lacédémonien fut, croit-on, le premier qui initia ses contemporains aux secrets de l'astrologie. Il se vantait d'avoir découvert dans le ciel le germe et le principe de nos divers tempéraments; et comme ces tempéraments forment presque toujours nos humeurs et nos inclinations, il s'ensuivait, selon lui, que c'étaient les astres qui, ici-bas, arrangeaient toutes nos affaires.

Pour un sage, c'était bien hardi.

Les Romains, chez lesquels la religion consacrait *la science des augures*, adoptèrent les idées de la Grèce, et assignèrent à chaque constellation une vertu analogue à son nom.

« Le ciel, dit Pétrone (1), est habité par douze

-----

(1) Écrivain latin; cet épicurien fut un des favoris de Néron, qui plus tard l'obligea à s'ouvrir les veines.

divinités qui se plaisent à se déguiser sous diverses figures. La première est le *Bélier*. Quiconque naît sous son influence est riche en troupeaux et en toisons; mais il a la tête dure et le regard effronté.

La seconde est le *Taureau*. Il inspire l'humeur farouche et sauvage, le goût des querelles et toutes les inclinations des bêtes à cornes. Sous le *Lion* naissent les gourmands, les appétits voraces, les gens fiers et hautains. La *Vierge* domine sur les petits maîtres et les poltrons, la *Balance* sur les marchands, le *Capricorne* sur les époux malheureux, etc. »

C'était le Zodiaque mis en action. Comme il s'en fallait de beaucoup que les événements concourussent à vérifier toutes ces prédictions, on alléguait l'intervention perturbatrice de la lune ou d'autres corps célestes qui, par leurs *appositions* ou leurs *conjonctions*, troublaient l'harmonie entre les choses d'en haut et les choses d'en bas. De là vinrent toutes les extravagances mises sur le compte des planètes Saturne, Jupiter, Mars, Vénus. A la première, des influences tantôt languissantes, tantôt meurtrières. A la seconde, la distribution des sceptres, des grandeurs, des dignités, en un mot des choses heureuses. A la troisième, le goût de la guerre; à la dernière, celui des plaisirs mondains. Joli petit cours de morale!...

Le poète Manilius (1) parle comme Pétrone : Si un enfant vient au monde sous le *Verseau*, il aimera infailliblement les fontaines, les jets d'eau, les ricochets, les sarbacanes (2); on pourra en faire un apothicaire; mais s'il vient sous la constellation des *Poissons*, c'est qu'il se plaira également dans l'eau, en sorte qu'on pourra en faire un marin d'eau douce ou d'eau salée.

> Ille quoque inflexa fontem qui projicit urna,
> Cognatas tribuit juvenilis Aquarius artes;
> Cernere sub terris, undas inducere terris,
> Ipsaque conversis aspergere fluctibus astra.
> At quibus in lucem Pisces venientibus adsunt,
> His non una manet semper sententia cordi;
> Commutant animos interdum, etc.
>
> Manil. Astron. lib. IV.

Traduction : Le jeune homme qui, de son urne penchée, laisse couler une fontaine, le Verseau communique aux mortels des inclinations analogues : découvrir les sources cachées, les répandre en ruisseaux ou même les détourner en jets puissants jusqu'aux cieux...

______

(1) Poëte latin qui vivait vers la fin du règne d'Auguste. Auteur d'un poème en cinq chants sur l'Astronomie.

(2) Long tuyau qui sert à lancer quelque chose en soufflant.

Quant à ceux qui voient le jour sous le signe des Poissons, incapables de nourrir longtemps la même pensée, ils sont le jouet perpétuel de leur inconstance.

D'après les Arabes, chaque astre avait son département dans le corps humain :

La tête, le cœur, la moelle allongée et l'œil droit, au *Soleil.*

La langue, les mains, les jambes, le système nerveux et l'imagination, à *Mercure.*

Le foie, la rate et l'oreille droite à *Saturne.*

La région ombilicale, les intestins et la poitrine à *Jupiter.*

Le chyle, le sang et les narines à *Mars.*

L'œil gauche, les poumons et l'estomac à la *Lune.*

Puis un rôle complémentaire attribué à *Vénus :* Veiller sur les alcôves, la bonne chère et l'embonpoint.

Hermès (nom de Mercure chez les Grecs) avait établi avant eux que, comme il y a *sept* trous à la tête, il y a aussi *sept* planètes qui président à ces trous, savoir : Saturne et Jupiter aux deux oreilles; Mars et Vénus aux deux narines; le Soleil et la Lune aux deux yeux; et Mercure à la bouche.

Il y a plus : le Soleil présidait à la Gloire, Vénus

à l'amour, Mercure à l'éloquence, Saturne à la tristesse, la Lune à l'économie domestique.

En ce qui concerne les couleurs : le bleu à Jupiter, le jaune au Soleil, le vert à Vénus, le rouge à Mars, le blanc à la Lune, le noir à Saturne, le mélange à Mercure.

Voici comment Shakspeare tourne en ridicule l'astrologie, dans sa pièce du *Roi Léar :*

« Quoi ! lorsque nous sommes malades ou dans l'infortune (ce qui vient souvent de notre mauvaise conduite), nous ferons coupables de nos souffrances le Soleil la Lune et les Étoiles ! comme si nous étions méchants par nécessité ; fous par un ordre du ciel ; fripons, voleurs et traîtres par une prédominance des astres ; buveurs, mensongers et adultères, par une obéissance forcée à l'influence d'une planète, et comme si tous nos vices descendaient du ciel ! Admirable invention d'un libertin, de mettre ses penchants déréglés sur le compte d'une étoile ! Mon père et ma mère furent unis sous le signe du Dragon, et je naquis sous la Grande-Ourse ; de sorte que je dois être rude et sans honte. Bah ! j'aurais été ce que je suis, si de même la plus petite étoile eût présidé à ma naissance. »

« L'astrologie, dit malicieusement Voltaire, s'appuie sur des bases bien meilleures que la magie.

Car si personne n'a vu ni *farfadets*, ni *dives*, ni *péris*, ni *démons*, ni *cacodémons*, on a vu souvent des prédictions d'astrologues s'accomplir. Que de deux astrologues consultés sur la vie d'un enfant et sur la saison, l'un dise que l'enfant vivra âge d'homme, l'autre non; que l'un annonce la pluie et l'autre le beau temps, il est bien clair qu'il y en aura un prophète, et même indépendamment de cette alternative, ils ne pouvaient pas avoir le don de toujours se tromper.

Les personnages célèbres qui ont cru à l'astrologie.

Chez les Hébreux, rappelons-nous la fin tragique du roi Saül, après qu'il eut consulté la pythonisse d'Endor. Chez les Grecs, Lycurgue était tellement convaincu de l'efficacité des astres, qu'il défendit à ses Lacédémoniens de combattre avant la pleine lune.

Crassus, Pompée et César ne dédaignaient pas de consulter les astrologues, et quand ils négligèrent leurs avis, ils s'en trouvèrent assez mal.

Auguste fit frapper une médaille en l'honneur du *Capricorne*, signe du zodiaque, sous lequel il avait eu l'honneur de naître.

Caracalla faisait tirer l'horoscope (la bonne aventure) de ceux qu'il voulait employer, et réglait sur les astres sa politique, ses défiances, sa haine et sa faveur ; quand l'horoscope d'un personnage romain était mauvais, il le faisait mettre à mort (1).

Suétone (2) assure que l'astrologue Spurina prédit à César que les ides de mars lui seraient funestes. César ne prit pas la chose au sérieux, et fut assassiné dans la journée. Un autre astrologue déclara que Néron serait empereur, et qu'il ferait périr sa mère : « *Qu'il me tue pourvu qu'il règne,* » répondit Agrippine.

Voici encore des prédictions que l'on cite comme ayant été faites. Au dire de plusieurs historiens, l'astrologue Luc-Caurie aurait annoncé positivement que le roi Henri II serait tué dans un duel, (tournoi), et mourrait d'une blessure à l'œil, ce qui

----

(1) Dialogue entre Thrasyllus et Tibère auquel le premier venait de prédire l'empire. « Puisque tu es si habile, dit le futur empereur, pourrais-tu me dire combien il te reste de temps à vivre? L'astrologue qui connaissait le sort tragique de ceux qui avaient été consultés avant lui, simula un tremblement nerveux et s'écria : « *Je vois que, à l'instant même, je cours un grand danger.* » Tibère, émerveillé, l'embrassa en le rassurant, et en fit son ami. Ceci nous rappelle qu'à une question de Louis XI adressée à son médecin : *Quand mourras-tu?* le docteur répondit : *Prince, deux heures avant vous.*

(2) Historien latin, né vers l'an 65 après J.-C.; auteur des *Vies des douze Césars.*

eut lieu en effet. On assure aussi que le médecin Morin prévit le sort de Gustave-Adolphe et du jeune Cinq-Mars, et qu'il fixa à très peu près le jour et l'heure où moururent le cardinal de Richelieu et le connétable de Lesdiguières. A propos de mort prédite, rappelons que Cardan (1) ayant prophétisé le jour et l'heure de son décès, et voyant que les astres lui avaient joué le mauvais tour de le mettre en contradiction avec lui-même, s'expédia de sa propre main pour l'honneur de l'astrologie.

Voici encore une prédiction qui, comme celle de Cardan, ne se réalisa pas. Le mathématicien allemand nommé *Stoffler* avait annoncé qu'il y aurait un déluge universel au mois de février 1524, par la raison que Saturne, Jupiter, Mars et les *Poissons* seraient en conjonction. Cette prédiction répandit la terreur dans toute l'Europe. Tous les charpentiers furent mis en réquisition pour construire des galiotes, des bateaux, des arches sur le modèle de l'arche de Noé ; les gens prévoyants firent des provisions, et lorsqu'enfin le fatal mois de février arriva, il ne tomba pas une goutte d'eau ; jamais mois ne fut plus sec. Stoffler n'en continua pas moins de prophétiser. Il annonça que le

---

(1) Mathématicien né à Pavie (1501-1576).

monde ne passerait pas 1588, catastrophe à laquelle bien des crédules ajoutèrent foi. Voici d'autres citations :

Charles V, dit le Sage, était tellement infatué de l'astrologie, qu'il fonda un collège pour que cette science y fût enseignée publiquement, et qu'il combla de ses bienfaits maître Gervais Chrétien, *souverain médecin et astrologue de Charles-Quint.*

Matthias Corvin, roi de Hongrie, n'entreprenait rien sans avoir consulté les astrologues. Louis Sforce, duc de Milan, le pape Paul III prenaient au sérieux leurs avis. Sous Catherine de Médicis, à la cour de Henri III et de Henri IV, on n'osait rien entreprendre sans avoir préalablement consulté les astres. Henri IV, tout diable à quatre et vert galant qu'il était, ordonna à son premier médecin de tirer l'horoscope du futur Louis XIII. A la naissance de Louis XIV, on cacha un astrologue dans un cabinet voisin de la chambre d'Anne d'Autriche, pour tirer l'horoscope de l'enfant royal. Le célèbre général Wallenstein (1583-1634) fut un des plus infatués des chimères astrologiques. « Il se disait prince (c'est Voltaire qui parle), et par conséquent il pensait que le zodiaque avait été fait tout exprès pour lui. Il n'assiégeait une ville, ne livrait une bataille qu'après avoir tenu son conseil avec le ciel. Mais comme ce grand homme était fort ignorant, il avait établi pour chef de ce conseil un fripon d'Italien, nommé Jean-Baptiste Serri, auquel il entretenait un carrosse à six chevaux, et donnait la valeur de 20,000 livres de pension. Jean-Baptiste Serri ne put jamais prévoir que Wallenstein serait assassiné par les ordres de son gracieux souverain Ferdinand, et que lui, Serri, s'en retournerait à pied en Italie. » Ajouterons-nous que des hommes que le génie et le caractère pontifical semblaient devoir garantir de cette épidémie morale, consultèrent Jean Moris en qualité d'astrologue : j'ai nommé le cardinal de Richelieu et le cardinal Mazarin. Quelle impression ces actes superstitieux ne devaient-ils exercer sur le peuple? Lorsqu'en 1666, Colbert fonda l'Académie des sciences, il crut devoir interdire aux astronomes de s'occuper d'astrologie judiciaire, et aux chimistes de chercher la pierre philosophale.

Ajoutons que nos lois religieuses défendent de consulter les devineresses qui courent les foires, les bourgs et les villages, sous prétexte de prédire l'avenir aux gens de la campagne; ce qui n'empêche pas, que tout récemment une de ces bohémiennes rendit folle une paysanne qui avait eu la faiblesse de se faire tirer la bonne aventure.

Pour terminer cet article, appliquons à MM. les astrologues ces vers de la Fontaine :

> .   .   .   .   Pauvre bête,
> Tandis qu'à peine à tes pieds tu peux voir,
> Penses-tu lire au-dessus de ta tête ?

LA RAGE

265. Le docte philosophe de Stagyre, Aristote, assure que la rage atteint particulièrement les chiens ; que les chiens la communiquent aux autres animaux, mais que l'homme, par un privilège digne du roi de l'Univers, en est *parfaitement exempt*.

Suivant Plutarque, les hommes n'ont commencé à devenir enragés que deux cents ans après Aristote. Hippocrate (468 ans av. J.-C.), dans ses ouvrages, ne dit rien qui se rapporte à la rage. Serait-il vrai que dans des temps éloignés de nous, il eût existé un ordre de choses meilleur que celui de nos jours ? Cela n'est pas impossible.

Du temps de Galien (141-200 ap. J.-C.), la rage faisait des ravages effrayants ; nul n'en était exempt : rois ou bergers mordus d'un chien malade, mordaient à leur tour leurs sujets et leurs moutons.

On eut alors recours aux remèdes les plus extraordinaires. On mit à contribution les sorciers, les amulettes, les prières, les ventouses, la scarification, la brûlure de la chair avec un fer ardent.

On trouve, surtout dans les campagnes, des individus qui traitent les enragés ; qui se vantent de posséder des remèdes secrets, de connaître des simples propres à guérir cette affreuse maladie. Il y a quelques années, des journaux vantaient l'efficacité du *mouron rouge ;* tous ces prétendus spécifiques sont des inventions de l'ignorance et du charlatanisme. C'est au feu qu'est réservé de faire justice de cette cruelle maladie ; la cautérisation parait être le remède souverain pour paralyser les effets du virus inoculé dans le sang par la morsure de l'animal (chien, chat, loup, renard...).

Pendant longtemps on a cru que l'hydrophobie (horreur de l'eau) et la rage ne constituaient qu'une seule et unique maladie ; ce préjugé a été fatal à l'humanité. Il est prouvé que l'hydrophobie se manifeste souvent sans que l'individu qui en est atteint soit atteint de la rage. Les exemples à l'appui ne manquent pas. Oui, il est constant que l'horreur de l'eau n'est point un symptôme infaillible de la rage, car on a vu des enragés manger et boire (quoique difficilement) peu d'heures avant de mourir.

Il est également faux de dire que la rage canine se caractérise toujours et même nécessairement par l'horreur de l'eau. Les chiens enragés ont si peu l'horreur de l'eau, qu'on en a vu traverser une rivière à la nage pour aller se jeter sur un troupeau de moutons.

Autre préjugé : Les chiens ne donnent la rage que pendant la saison chaude. Il est vrai que les chaleurs excessives, que les froids excessifs sont favorables à la rage ; mais elle peut se manifester chez ces animaux n'importe à quelle époque de l'année.

Préjugé barbare : Un usage qui a été pendant bien longtemps consacré en Europe, consistait à sacrifier l'enragé, soit en le saignant aux quatre membres, soit en l'étranglant, soit en l'étouffant entre deux matelas, et cela sur le signe seul de l'horreur de l'eau, comme si cette horreur ne pouvait pas provenir d'une maladie de nerfs ou de toute autre affection ! Combien de victimes cette épouvantable erreur n'a-t-elle pas faites pendant plusieurs siècles !

Grâce aux progrès de la science, on traite le malade avec chances de guérison.

La question de savoir si la rage est transmissible de l'homme à l'homme, n'est pas encore résolue.

LES NOYÉS

266. Hippocrate a dit que lorsque les noyés et les strangulés ont de l'écume à la bouche, ils ne sauraient être rappelés à la vie. Cet aphorisme du divin maître a dû faire bien des victimes car il tombe à faux : il y a les morts apparentes, etc.

Quant au préjugé d'après lequel tout noyé avait l'intérieur du corps rempli d'eau absorbée par immersion, et que, pour la lui faire rendre, il fallait lui mettre les pieds en haut et la tête en bas, loin de le guérir, on achevait de le tuer.

L'expérience a démontré que souvent chez les noyés la mort n'est qu'apparente, ce que l'on ignorait autrefois ; aussi, maintenant, en sauve-t-on beaucoup. Voilà comment la science vient au secours de l'humanité.

Le premier bienfaiteur à nommer ici, est un échevin de Paris, nommé Pid. Ce magistrat municipal est le premier qui ait eu l'idée de former des établissements pour secourir les noyés et les asphyxiés, dont il fut le directeur. Ces établissements, secondés par les efforts de Réaumur et de Portal, furent d'une si grande utilité que de 1772 à 1788, c'est-à-dire dans un intervalle de seize ans, sur neuf cent trente-quatre noyés ou asphyxiés, huit cent treize furent rendus à la vie ; il n'est donc pas de mort plus incertaine que celle qui est produite par l'immersion.

Le *Conseil de salubrité* a publié une excellente instruction sur les secours à donner aux personnes tirées de l'eau. Il y a plus, des *bureaux de secours riverains*, avec cette inscription : *secours aux noyés*, sont pourvus de boîtes contenant les matières et les ustensiles nécessaires.

Enfin, il y a la *Société des Sauveteurs*, dont le siége est à Paris, à l'Hôtel de ville. Des *médailles* sont accordées en récompense à ceux qui, au risque de leur vie, ont retiré du fleuve ceux qui, volontairement ou involontairement, sont tombés à l'eau.

LES ALIÉNÉS

267. Encore un préjugé qui a fait son temps : *C'est à la nature à guérir les aliénés.* Ce qui voulait dire que ces malheureux, atteints d'une maladie incurable, voire même dangereuse pour la société, devaient en être extirpés. Honneur donc

aux philanthropes modernes auxquels on est redevable des maisons et hospices d'aliénés : la *Salpêtrière, Charenton, Bicêtre...* Honneur aux médecins qui ont voué leur vie au traitement de l'aliénation mentale ! Parmi eux j'ai l'honneur de connaître M. le docteur Blanche, dont les travaux prouvent que la science médicale aliéniste a fait des progrès nullement dus au hasard.

Nous renverrons le lecteur à l'article *folie*, rédigé par le docteur Fossati, au neuvième volume du *Dictionnaire de la Conversation*. C'est un des sujets les plus intéressants à étudier, surtout au point de vue des *causes* de cette maladie apyrétique du cerveau : abus de la politique, abus des liqueurs alcooliques, abus du tabac, etc.

C'est au docteur Pinel, médecin de Bicêtre, que revient l'honneur d'avoir fait tomber les *chaînes* des aliénés (1793), et d'avoir pris l'initiative de toutes les mesures de protection et d'assistance, de traitement et de charité dont les fous bénéficient aujourd'hui. Il est question d'élever une statue à ce bienfaiteur de l'humanité, sur la place même de la Salpêtrière. Une chose m'étonne, c'est que cela ne soit pas déjà fait.

Puisque j'ai parlé de la Salpêtrière, je ne puis passer sous silence l'émouvante histoire de Mlle Léontine Nicolle, surveillante dans cette maison, par dévouement pour sa mère atteinte de folie. Ce dévouement lui a valu récemment un *prix de vertu*. Ici, laissons parler l'éloquent rapporteur, M. Jules Simon :

« Mlle Léontine Nicolle, qui a pourtant reçu une éducation sérieuse, a vivement sollicité sa place de deuxième surveillante ; elle a attendu impatiemment une vacance ; elle est entrée avec joie dans cet enfer. Elle avait un secret que je vous livre. Sa mère était atteinte de la folie de la persécution. Léontine ne pouvait la garder avec elle ; elle obtint de la faire entrer à la Salpêtrière, et n'eut plus qu'une pensée, de s'y enfermer avec elle, pour pouvoir encore lui donner ses soins. Elle fut nommée, elle prit possession de son triste emploi. Tant que sa mère a vécu, Mlle Nicolle passait les journées auprès de ces idiotes, et les quelques minutes qu'on lui accordait pour se remettre de son rude labeur, auprès de la folle qui était sa mère, allant ainsi d'un martyre à un autre, et se trouvant heureuse parce qu'elle remplissait son devoir filial.

« Cette vie a duré vingt-sept ans. La pauvre folle est morte, il y a un an, dans les bras de sa fille, qu'elle reconnaissait à peine et dont elle repoussait les soins avec terreur dans ses moments d'hallucination. Voilà vingt-huit ans passés que

Mlle Nicolle exerce, à la Salpêtrière, ses fonctions de surveillante. Elle s'y est attachée, elle s'est dit qu'à force de patience elle sauverait ces infortunées, et plus de cinq cents d'entre elles, sorties de ses mains, sont rentrées dans la vie commune et parviennent aujourd'hui à gagner leur vie. »

LES COMÈTES

268. Voici une des plus belles victoires qui aient été remportées par la science sur un préjugé superstitieux qui remonte au déluge. Pauvre créature humaine! Que de temps il t'a fallu pour passer des apparences à la réalité, pour déduire le vrai du faux, pour soulever le voile épais qui dérobe aux mortels les mystères de la création?

Que de nos jours une comète vienne à se montrer au firmament, brillante ou non, avec une queue ou sans queue, avec une chevelure hérissée ou non, quel est le commissionnaire du coin de rue qui ne continuera pas à lire son journal? Quel est le paysan qui se mettra en prière, avec un chapelet, pour écarter l'esprit malin? Quel est le journaliste qui cherchera à nous effrayer par un article plus ou moins menaçant? Oui, ces astres

12.

errants sur lesquels on a écrit des choses si extravagantes, ont fini par perdre tout leur crédit. Parmi les écrivains qui ont échappé au préjugé, citons avec admiration le philosophe Sénèque (2-65 ap. J.-C.); guidé par l'esprit philosophique, il nous a transmis les lignes suivantes :

« Nous ignorons les lois des comètes. Pourquoi nous récrier? C'est un spectacle si rare. Quel est le point de départ? Quelles sont les limites de ces corps dont les retours n'ont lieu qu'après de longues périodes? Il n'y a pas quinze cents ans que la Grèce a calculé leur nombre et publié leurs noms.

« Aujourd'hui même, il est beaucoup de peuples qui ne connaissent le ciel que par leurs yeux; ils ne savent pas les lois des éclipses et du déclin de la lune. Nous-mêmes nous n'avons sur ce sujet que des théories récentes. *Un temps viendra où ces mystères, cachés aujourd'hui, seront expliqués et mis en lumière par les études séculaires de la postérité...*

Un jour viendra où nos descendants s'étonneront qu'on ait pu méconnaître l'évidence.

« Hier seulement, il s'est trouvé des hommes pour nous dire : vous croyez que des astres s'arrêtent, se détournent, erreur! Il n'est point de corps célestes stationnaires ou rétrogrades : tous marchent, se meuvent dans la direction qui, primitivement, leur fut imprimée. Leur course cessera le jour où ils cesseront d'être. Cet ouvrage éternel est doué d'un mouvement éternel. »

Quand on pense qu'il y a dix-neuf siècles que cette prédiction a été faite et que, grâce à Newton, elle a reçu son accomplissement !

Qui ignore l'histoire de la *comète de Halley ?* Qui ne sait que, prenant pour point de départ la loi newtonnienne de la *gravitation universelle,* d'après laquelle *deux corps célestes s'attirent en raison directe des masses, et en raison inverse du carré des distances,* le géomètre anglais osa prédire, comme conséquence de ses calculs, que la comète de 1682 reparaîtrait en 1758, et qu'elle fut fidèle au rendez-vous (1). Avec quel enthousiasme Arago, de sa voix forte et puissante, nous faisait cette description dans ses leçons publiques de l'Observatoire ! Il me semble encore entendre cette phrase lancée dans l'auditoire avec le geste qui allait si bien à l'illustre professeur :

---

(1) Clairaut mettant à profit les progrès de la *théorie des perturbations,* exposée par Laplace dans la *Mécanique céleste,* perfectionna les calculs de Halley ; et comme ceux de Clairaut ont été eux-mêmes perfectionnés par un autre astronome, le retour périodique de la comète de Halley est un fait acquis à la science.

« *Inclinons-nous respectueusement devant la majesté des chiffres.* » Oui, les comètes sont au nombre des sujets de la majesté mathématique dont parle Arago; oui, elles sont placées sous le sceptre de l'attraction universelle.

Qu'ils seraient étonnés s'ils revenaient parmi nous, ceux qui étaient convaincus que ces comètes annonçaient la mort des rois, le bouleversement des empires, la peste, la guerre, les épidémies, que sais-je encore? Homère affirme qu'elles n'apportent aux hommes que désastres et catastrophes. Virgile en parle comme Homère, et Silius Italicus, poëte latin (25-100 ap. J.-C.) nous atteste que jamais comète ne se montra impunément sur notre horizon : *et numquam terris spectatum impune Cometem.* Est-ce que, en 1680, toute l'Europe ne trembla pas à la vue de la comète qui vint montrer sa grande queue et sa barbe rouge, comète qui, disait-on, avait occasionné le déluge universel? Mme de Sévigné (1627-1696), n'a-t-elle pas écrit vers l'an 1661 :

« Nous avons ici une comète qui est bien étendue, c'est la plus belle queue qu'il soit possible de voir. Tous *les plus grands personnages sont alarmés et croient que le ciel, bien occupé de leur perte, en donne des avertissements par cette comète.* On dit que le cardinal Mazarin, étant désespéré des médecins, les courtisans crurent qu'il fallait honorer son agonie d'un prodige, et lui dirent qu'il paraissait une grande comète qui leur faisait peur. Il eut la force de se moquer d'eux, et leur dit plaisamment que cette comète lui faisait trop d'honneur. En vérité on devrait en dire autant que lui, et l'orgueil humain se fait aussi trop d'honneur de croire qu'il y ait de grandes affaires dans les astres quand on doit mourir. »

Mme de Sévigné avait d'autant plus raison que la comète s'en alla comme elle était venue, sans que berger ni roi ne passât de vie à trépas : on en fut quitte pour la peur.

Remontons plus haut dans notre histoire et nous y verrons que la comète qui parut du temps de Catherine de Médicis inspira de grandes alarmes à cette femme qui pratiquait si bien la *politique à bascule;* était-ce parce qu'elle n'était pas sans inquiétude sur le châtiment que le ciel lui réservait ? C'est possible. C'est à ce sujet qu'on fit cette épigramme latine assez piquante :

Spargeret audaces cum tristis in æthere crines,
    Venturique daret signa cometa mali,
Ecce suæ regina timens mali conscia vitæ,
    Credidit invisum poscere fata caput.
Quid regina times ? Namque hic mala, si qua minatur,
    Longa timenda tua est, non tibi vita brevis.

Traduction : Quand la comète étendit dans les cieux son effrayante chevelure, comme pour annoncer un grand malheur, la reine, qui avait conscience des fautes de sa vie, pensa que le ciel allait mettre fin à sa vie.

O reine, que craignez-vous?

Le malheur dont nous menace la comète, c'est, non pas la fin, hélas! mais la prolongation de votre vie!

Bayle (1) est celui qui, à propos de la comète de 1680, combattit avec le plus de force le préjugé vulgaire qui voyait dans ce météore un présage effrayant. S'adressant à un poète nommé *Du Bartas*, qui sacrifiait à l'opinion vulgaire, il lui dit :

Cesse, je te supplie, cesse donc un instant,
D'aller de ce brandon le vulgaire étonnant;
Contente-toi, Bartas, du mal qui le tourmente,
Quitte aux ethniques vains (2), cette vaine épouvante;
C'est se rendre complice à l'erreur monstrueuse,
De donner du présage à l'astre aux longs cheveux,
Plus encore de penser que son crin porte-flamme
Par son branle incertain doive ébranler les âmes;
Causer perte aux pasteurs, porter la grêle aux blés,
L'orage à la marine et le trouble aux cités.

(1) Célèbre écrivain français (1647-1706.)
(2) Payens.

Puis, où voit-on que Dieu nous ait prescrit cet astre
Pour prédire aux humains quelque inhumain désastre ?
Veut-il que nous lisions dans les airs agités,
Non dans les saints feuillets ses saintes volontés ?
Combien voit-on de fois que le Tout-Puissant jette,
Les comètes sans maux, et les maux sans comète ?

Un Bénédictin espagnol a traité les comètes encore plus cavalièrement :

« La comète est une fanfaronnade du ciel contre la terre. On a peut-être voulu en faire un épouvantail pour les souverains afin de réprimer leur orgueil ; mais les monarques ont ici-bas assez d'ennemis à redouter sans qu'il soit nécessaire, pour les contenir, que les brillantes agitations du ciel concourent avec les vapeurs de la terre. L'ambition des voisins, les plaintes des vassaux, les tourmentes du gouvernement, ce sont là les comètes que les têtes couronnées doivent appréhender... »

Voilà un moine qui ne craignait pas de faire de la politique. Mais le Révérend ne s'en tient pas là : il se livre à des réflexions très judicieuses.

« C'est, dit-il, notre vanité qui nous fait trembler à l'aspect d'une comète. Nous voulons, à toute force, être des personnages importants ; nous faisons les fiers sur notre petit grain de poussière... » Mais le passage où le R. P. se montre vraiment astronome, c'est lorsque après avoir rappelé qu'Aristote,

Képler et quelques vieux péripatéticiens croyaient que les comètes sont des amas de vapeurs malfaisantes, il ajoute que « ce sont des planètes semblables à celles de notre système; que leur cours est réglé et assujetti à des lois fines et positives; que si elles ne se montrent qu'à de longs intervalles, c'est qu'elles décrivent des courbes très vastes et très excentriques, et dont les points les plus éloignés se dérobent à la faiblesse de nos regards; que leurs vapeurs, si elles y sont sujettes, sont trop loin de nous pour être contagieuses; qu'enfin, si les petits tempéraments doivent céder à leurs malignes influences, les jolies femmes et nos aimables petits maîtres auraient droit de réclamer la préférence sur les monarques. » Tout cela est dit d'une manière piquante et spirituelle, après avoir eu soin de rappeler ironiquement le fameux enthymène :

Post hoc, ergo propter hoc (1).

Terminons cet article en disant que l'astronomie cométaire repose aujourd'hui sur une base solide, celle de l'attraction, et que, les uns comme les autres (les astronomes à part), nous n'avons pas

____

(1) *A la suite de cela, donc à cause de cela.*

plus à nous préoccuper de ces astres qu'ils ne se préoccupent de nous. Hélas ! Nous avons bien assez de tourments sur la terre, pour nous dispenser d'en chercher ailleurs !...

LES CLOCHES PENDANT L'ORAGE

269. Allez, brave marguillier de village, sonnez, sonnez les *cloches* pendant l'orage, si vous tenez à être *foudroyé*. Et vous, gens de la ville ou de la campagne, réfugiez-vous sous les *arbres* au bruit du tonnerre, si vous tenez à connaître par vous-mêmes les effets de l'électricité. Mais, objecterez-vous, nous devrons donc nous coucher à plat ventre, et nous faire ainsi tremper jusqu'aux os ? Sans doute ; c'est ce que vous aurez de mieux à faire, si vous êtes surpris sur la grande route ou dans les champs. Toutefois, si vous tenez absolument à vous abriter sous un arbre, évitez au moins de vous blottir sous les plus élevés, parce que, d'après le *pouvoir des pointes*, ainsi qu'on l'explique dans les cours de physique, vous pourriez bien passer de vie à trépas.

Horace a dit :

> Sæpius ventis agitatur ingens
> Pinus ; excelsæ graviore casu
> Decidunt turres, feriuntque summos
>   Fulgura montes

Les pins les plus altiers sont ceux qu'Éole outrage ;
Des superbes palais les dômes orgueilleux
Avec plus de fracas s'écroulent à nos yeux,
Et la foudre épuise sa rage
Sur les monts trop voisins des cieux.

(Daru.)

Les exemples à l'appui du danger de sonner les cloches dans les circonstances dont nous parlons, sont très nombreux. Des statistiques fort instructives ont été dressées ; dans la crainte de livrer au public un ouvrage trop volumineux (les gros livres font peur, disait La Fontaine), je ne ferai que quelques citations :

Au mois d'août 1807, un nommé *Jean Pugibet*, de la paroisse de *Frouille*, près de Toulouse, ayant entendu gronder le tonnerre, courut au clocher de l'église, et se mit à sonner de toutes ses forces pour, disait-il, détourner l'orage. Le maire, au contraire, qui savait un peu de physique, se rendit à l'église pour faire taire les cloches ; mais il était trop tard, le crédule Pugibert gisait par terre, victime de la foudre qu'il avait voulu conjurer.

Remontant plus haut, nous voyons que le 15 août 1718, un vaste orage s'étendit sur la basse Bretagne ; vingt-quatre églises furent foudroyées, les seules où le carillon se fit entendre.

Dans l'antiquité, on combattait le tonnerre par des prières, des exorcismes (paroles pour chasser les démons), moyens superstitieux qui ne conjuraient rien du tout. Au dire de Pline, l'homme commandait parfois au tonnerre ; ainsi Porsenna trouva le moyen de faire tomber la foudre du ciel pour délivrer l'Étrurie d'un animal dangereux qui désolait ses campagnes. L. Pison, historien, assure dans ses Annales que Numa possédait le même secret et qu'il y avait souvent recours ; quant à Tullus Hostilius (3ᵉ roi de Rome), comme dans cette manœuvre il s'y serait pris maladroitement, il serait mort foudroyé. A cette occasion, disons que le savant curé Thiers mettait au nombre des pratiques superstitieuses employées de son temps, l'usage d'élever une *épée* sur le mât d'un vaisseau pour détourner la tempête. C'était un commencement de *paratonnerre*. Ce curé mourut en 1703.

Il ne faut pas trop s'étonner de la confiance qu'on a eue pendant longtemps dans les cloches pour conjurer les orages, puisque, à leur baptême, on faisait usage d'une prière ainsi conçue :

« Faites, Seigneur, que le son de cette cloche

serve à appeler les fidèles au giron de la sainte
Église, notre mère ; à repousser au loin les embûches
de notre ennemi, les ravages de la grêle, et l'impé-
tuosité des tempêtes ; que votre main puissante
impose silence aux ouragans ; qu'ils tremblent au
son de cette cloche, et qu'ils fuient à la vue de
cette croix gravée sur ces contours. »

L'ÉTERNUMENT

270. Le petit Traité sur la *Civilité puérile et hon-
nête* (beaucoup de gens feraient bien de le consulter), nous apprend la manière de faire la révérence,
d'ôter notre chapeau (pas des deux mains), de
mettre notre serviette, de tenir notre cuiller à
table, d'avaler notre potage sans faire de bruit
avec sa bouche, etc., etc. Il y est aussi expressé-
ment recommandé de faire le signe de la croix et
de dire *Dieu vous bénisse*, toutes les fois que
quelqu'un *éternue* en votre compagnie. Cet usage,
qui n'est plus guère de mode, est une des plus
anciennes politesses que l'on puisse citer. Les rois,
les empereurs ne s'en affranchissaient pas. Tibère
s'inclinait devant ceux qui éternuaient en sa pré-

sence, et malheur à celui qui n'aurait pas salué l'éternument impérial de ce tyran débauché et ombrageux ! Cyrus ayant éternué avant de se décider sur un mouvement militaire, ses soldats s'empressèrent de se découvrir la tête. Les Grecs n'étaient pas moins polis que les Romains. On cite un certain Proclus dont le nez était tellement allongé que ses mains en atteignaient difficilement l'extrémité, et dont les oreilles étaient si éloignées des narines que lorsqu'il éternuait, il ne pouvait dire *Dieu m'assiste*, par la raison que le bruit qu'il faisait ne pouvait lui arriver à cette distance, en sorte qu'il était impoli sans le vouloir. Pline pose en problème cette question : *cur sternutantes salutantur ?* Pourquoi fait-on la révérence à ceux qui éternuent ? A en croire les rabbins, c'est à Adam qu'il faudrait faire l'honneur du premier éternument. Dans l'origine des temps, cet effort convulsif des muscles était un fort mauvais signe, un fâcheux pronostic, le présage d'une mort certaine, ce qui expliquerait l'usage du salut poli avec les mots religieux qui l'accompagnent, usage dont parle Job dans ses discours, *in sternutationibus ejus splendor*. Maintenant voyez la contradiction : voilà qu'Aristote, dans ses problèmes, prétend que l'éternument est un présent des dieux, qu'on doit l'honorer comme une chose sainte, comme un signe de santé précieux.

Homère et Théocrite n'en parlent pas aussi avantageusement ; ils le regardent comme un signe fâcheux quand il vient de la *narine gauche*. Plutarque, nourri de la lecture des Anciens, rapporte qu'avant la bataille de Salamine, Thémistocle ayant offert un sacrifice sur son vaisseau, et un des assistants s'étant mis à éternuer, le grand-prêtre en profita pour prédire le gain de la bataille. Saint Augustin dont le beau génie n'est étranger à aucun genre de connaissances, nous apprend que les Anciens se remettaient au lit quand ils éternuaient en chaussant leurs sandales.

Ce qu'il y a de certain c'est que l'éternument était pris tantôt en bonne, tantôt en mauvaise part, suivant les temps, les lieux, les circonstances,... et les signes du zodiaque.

Les quakers ont supprimé entre eux l'usage de saluer ceux qui éternuent. Saint Clément d'Alexandrie regardait l'éternument comme une marque d'intempérance, comme une sorte de péché.

Aujourd'hui on est à l'abri de ce préjugé ; on éternue sans trop y prendre garde. Toutefois, si ce désagrément vous arrive à table, portez bien vite la main à la bouche... par égard pour vos voisins.

LES TREIZE PERSONNES A TABLE; LE JOUR NÉFASTE DU VENDREDI

271. Voici deux préjugés contre lesquels échoueront les plus beaux raisonnements du monde. Chose singulière, c'est la religion chrétienne, adversaire de toute superstition, qui leur a donné naissance. On a dit : les apôtres étaient *treize* à table quand ils firent la pâque ; or, un d'entre eux trahit son maître et se pendit : *donc le nombre treize est un mauvais nombre;* (un nombre cabalistique); par conséquent, si nous sommes treize à table, il y aura un traître et un pendu; mais, comme on ne pend pas dans tous les pays, on modifie un peu la chose, et on dit : des treize convives, un mourra le jour même ou le lendemain.

Ce n'est pas tout : Les Juifs ont crucifié le Messie un *vendredi;* le même jour, le soleil s'est obscurci; donc le vendredi est un mauvais jour, et, cependant, saint Mathieu, apôtre et évangéliste, a dit avec raison :

Sufficit diei malitia sua.

Chaque jour suffit à sa peine. Mais, que voulez-vous, on ne raisonne pas avec la peur. La preuve que cette croyance existe encore, c'est que les vendredis il y a beaucoup moins de personnes en *omnibus* et en *chemins de fer* qu'aux autres jours de la semaine.

Le *Dictionnaire infernal* cite de nombreuses croyances superstitieuses très répandues parmi les classes peu éclairées, et qui se traduisent par des espèces d'aphorismes : « Malheureux qui chausse le pied droit le premier. — Un couteau donné coupe l'amitié. — Il ne faut pas mettre les couteaux en croix, ni marcher sur des fétus croisés. — Les fourchettes croisées sont d'un funeste présage. Il en est de même d'un miroir cassé, d'une salière répandue, d'un pain renversé, d'un tiroir dérangé (1). — Certaines gens trempent un balai dans l'eau pour faire pleuvoir. — Dans quelques pays, on fait mettre aux femmes en douleur d'enfant la culotte du mari, et elles accouchent sans douleur... la nature aidant. Dans d'autres endroits, pour empêcher les renards de manger les poules d'une mé-

---

(1) On dit encore : Judas fut *remplacé*, et alors il y eut *treize* apôtres. Que dit Béranger, notre poète chansonnier (1780-1857) ?

Dieu ! mes amis ; nous sommes *treize* à table,
Et devant moi le sel est répandu ;
Nombre fatal, presque épouvantable,
La nuit accourt, je frissonne éperdu.

tairie, on asperge les environs avec du bouillon d'andouille le jour du carnaval. — Les loups ne peuvent faire aucun mal aux brebis et aux porcs, si le berger porte le nom de saint Basile écrit sur un billet attaché au bout de sa houlette. Mon Dieu tout cela n'est pas plus extravagant que de se faire tirer la bonne aventure par Desbarolles ou tout autre. — Faut-il ajouter foi à ce qui a été dit d'une célèbre magicienne de Paris qui, consultée par trois jeunes gens pleins d'avenir, lut dans la main de chacun d'eux : *Vous serez roi.* Ces jeunes gens se nommaient Bonaparte, Murat, Bernadotte. Si cela était, ce serait vraiment extraordinaire. Seulement, elle n'ajouta pas que le premier mourrait exilé au pied d'un rocher, et que le second serait fusillé...

On pourrait citer plus d'un personnage qui n'était pas exempt du genre de superstition dont nous parlons. Le grand Frédéric, le héros de la guerre de Sept-Ans, déplaçait lui-même les fourchettes ou les couteaux qu'on avait mis en croix.

De nos jours, le célèbre Rossini, qui possédait à un très haut degré l'esprit de société, donnait en plein dans le préjugé du *vendredi* et du nombre *treize.*

Était-ce parce que le célèbre maëstro avait le don de plonger dans l'avenir? Le fait est qu'il avait calculé qu'il mourrait un treize et un vendredi ; ce qui en effet arriva, et chose bizarre, Mme Rossini mourut à la date d'un deux fois treize, ou d'un *vingt-six* du mois. Mais les nombres ne sont pas toujours des signes de malheur. Ainsi, Charles-Quint affectionnait particulièrement le jour de saint Mathias ; pourquoi ? Parce qu'il avait été élu empereur ce jour-là et couronné le même jour ; parce que ses lieutenants avaient fait prisonnier François Ier à la même date. D'ailleurs, il était né le 24 février, jour de saint Mathias. Le 24 février, son frère avait été appelé au trône de Bohème. Voilà, certes, bien des raisons pour que ce monarque aimât particulièrement le nombre vingt-quatre.

On connaît la faiblesse de Napoléon Ier pour une certaine date, celle du 20 mars. — Puisque nous touchons à *la malice des nombres*, rappelons que le mercredi était le jour heureux de Sixte-Quint : né un mercredi. — Reçu cordelier un mercredi. — Promu au cardinalat un mercredi. — Élu pape un mercredi. — Exalté un mercredi.

Qui sait si un jour on ne découvrira pas que le vendredi a eu quelque part son histoire heureuse !

À Bordeaux, il y a une société dont le but est de combattre les préjugés que nous venons d'énumérer. Cette société se compose de *treize* membres.

Elle ne se réunit que les *vendredis*. Au banquet annuel, on brave les couteaux en croix, les salières renversées, etc., et chose, bonne à signaler, rien d'extraordinaire ne s'est produit de nature à corroborer les présages superstitieux.

LES ABEILLES

272. L'étude des mœurs des *Abeilles* remonte à la plus haute antiquité. Le philosophe Aristomachus, au dire de Cicéron, aurait consacré cinquante-huit années de sa vie à cette question d'histoire naturelle. Un autre philosophe nommé Hyliscus poussa la passion plus loin, puisque, s'étant retiré dans le désert, il se condamna à la vie hermitique pour observer à son aise les mouches à miel.

Le gouvernement des abeilles n'a pas été très exactement décrit par Aristote, Pline, Élien et beaucoup d'autres.

Selon eux, c'était un gouvernement monarchique avec un *roi* pour chef, les *mâles* pour gardes et courtisans, et les *ouvriers* pour sujets. On lui composait une cour, on lui donnait des échansons, des maîtres d'hôtel, des écuyers, des chambellans. Là était une erreur : au lieu d'un roi, c'est une reine, en dépit de la loi salique qui, en France, excluait les femmes du trône.

Xénophon avait une telle admiration pour cette souveraine qu'il en tirait parti pour établir un parallèle entre une princesse, dont il voulait relever le mérite, et la reine dont nous parlons, reine qui, à elle seule, gouverne toute la ruche et en a l'intendance ; qui distribue les emplois, anime les travaux, préside à la construction des cellules, veille à la nourriture et à la subsistance de sa nombreuse famille, fait les parts de miel ; puis qui, au moment venu, envoie en colonies les nouveaux essaims devenus trop nombreux pour vivre en communauté dans la même ruche. Voilà, certes, un gouvernement monarchique modèle.

On a dit que la reine des abeilles n'avait point d'aiguillon ; c'est une erreur.

Il est bon que le chef d'un État ne soit pas sans une arme de défense. Il y a plus ; souvent elle laisse une partie de son dard, dans la plaie de celui qu'elle a piqué. La première chose à faire, c'est d'enlever avec une épingle ce corps étranger qui continue à irriter la blessure. L'abeille en meurt-elle ? Il est permis d'en douter.

Une autre erreur que nous avons déjà signalée

(p. 190), est que l'abeille est diptère, tandis qu'elle est tétraptère.

Les madrigaux sur l'abeille n'ont pas fait défaut ; tout ce qui est roman, fable, imagination, plaît aux poètes. Lorsque le pape Urbain VIII fut élevé au trône pontifical, comme Sa Sainteté portait des abeilles sous ses armes, un poète latin en profita pour composer le dialogue suivant entre un Français, un Espagnol et un Italien.

Le Français disait :

Gallis mella dabunt, Hispanis spicula figent.

L'Espagnol :

Spicula si figent emorientur apes.

L'Italien reprenait plus galamment :

Mella dabunt cunctis. Nulli sua spicula figent,
    Spicula nunc princeps figere nescit apum.

Traduction : Ces abeilles donneront aux Français leur miel, et leurs dards aux Espagnols.

Oui, mais les abeilles meurent en lançant leurs dards.

Elles auront du miel pour tous et des dards pour personne. — Car le roi actuel des abeilles ne sait pas lancer des dards.

Qui ne connaît les beaux vers de Virgile sur les abeilles et son célèbre épisode d'Aristée (1) !

Pline n'a fait que répéter ce qu'Aristote avait écrit sur les abeilles ; son chapitre est embelli de toutes les fables débitées avant lui.

Ajoutons, à l'honneur des abeilles, qu'elles ont le génie de la géométrie : un problème sur les *maxima* leur est consacré dans les leçons d'algèbre.

Terminons par quelques beaux vers de Delille :

Mais quel bourdonnement a frappé mes oreilles ?
Ah ! je les reconnais, ces aimables abeilles.
Mais comment sans transport voir ces filles des cieux ?
Cent fois on a chanté ce peuple industrieux.

---

(1) Géorgiques (du grec *terre, œuvre*). La poésie géorgique est, comme l'indique son nom, celle qui retrace les travaux de la terre. Hésiode, Xénophon, Aristote, Théophraste, ont écrit sur l'agriculture. A ces noms ajoutons ceux du sévère Caton, du savant Varron et de Columelle le célèbre auteur de l'ouvrage (*De Re rustica*) que l'antiquité nous ait transmis sur ce sujet.

« Les Géorgiques de Virgile, dit Delille (le célèbre auteur du poème : *les Trois Règnes de la Nature*), ont toute la perfection que peut avoir un ouvrage écrit par le plus grand poète de l'antiquité, dans l'âge où l'imagination est la plus vive, le jugement le plus formé, et toutes les facultés de l'esprit dans toute leur vigueur et dans leur entière maturité. » Virgile employa sept années à

Quel art bâtit leurs murs, quel travail peut suffire
A ces trésors de miel, à ces amas de cire?
Je ne vous dirai point leurs combats éclatants;
Si la mort est donnée à l'un des combattants,
Si ce peuple est régi par une seule reine,
S'il peut d'un ver commun créer sa souveraine,
Si leur cité contient trois peuples à la fois,
Époux, reine, ouvrière, hôtes des mêmes toits,
D'autres décideront (1).

PRESSENTIMENTS

273. Le *Pressentiment* est un mouvement intérieur d'appréhension ou d'espérance au sujet d'une chose que nous prévoyons confusément et sans en apprécier les raisons. Ce sentiment résulte d'un grand nombre de circonstances légères, de sensations fugitives, et quelquefois même inexplicables. Le pressentiment naît de l'idée du danger,

composer ce poème qu'il considérait comme son chef-d'œuvre.

Malgré le *Poème des Mois* par Roucher (mort sur l'échafaud politique), nous n'avons pas de géorgiques dans notre langue.

(1) *Les Trois Règnes de la Nature* (chant septième).

de la crainte, de la superstition, de la mauvaise conscience.

Les Anciens avaient fait du pressentiment une sorte de religion. Lorsqu'Hector s'arrache des bras d'Andromaque pour aller combattre en faveur de Troie, Homère le représente comme ayant le pressentiment de sa mort prochaine.

Turnus, roi des Rutules, véritable héros des six derniers chants de l'*Énéide*, prêt à tomber sous le bras d'Enée, a le pressentiment de sa mort.

Dans notre histoire, nous avons un exemple bien frappant du pressentiment : celui de Henri IV.

« Il n'est que trop constant, dit Sully dans ses *Mémoires*, que le roi eut le pressentiment de sa fin tragique. Plus il voyait approcher le moment du sacre, plus il sentait la frayeur et l'horreur redoubler dans son cœur ; il venait me l'ouvrir tout entier, dans cet état d'amertume et d'accablement dont je le reprenais comme d'une faiblesse impardonnable ; ses propres paroles feront plus d'impression que tout ce que je pourrais dire. — *Ah! mon ami*, me dit-il, *que ce sacre me déplaît! Je ne sais ce que c'est, mais le cœur me dit qu'il m'arrivera quelque malheur.* — Il s'asseyait en disant ces paroles, et, livré à toute la noirceur de ses idées, il frappait des doigts sur l'étui de ses lunettes en rêvant profondément. »

A cette occasion, rappelons quelques vers extraits de la *mort de Henri IV* (1806) tragédie de Legouvé :

..... Il est des jours de sinistre présage
Où l'homme dans son cœur cherche en vain son courage,
Où d'affreux mouvements la triste et sombre horreur
Jette dans nos esprits le trouble et la terreur.
Cet état est le mien.....

Par opposition, on pourrait citer bien des personnages qui auraient sauvé leur vie, s'ils avaient eu le pressentiment du danger qu'ils coururent. Exemple : Henri de Guise assassiné au château de Blois, et cependant les avertissements ne lui avaient pas manqué. « Ils n'oseraient », dit-il. Et le malheureux Bailly, qui de Nantes pouvait aller facilement à Angers; qui, malgré les avertissements de la famille du célèbre Laplace, se réfugie près de Paris. Somme faite, les pressentiments sont préférables à des excès de confiance comme ceux qui viennent d'être rappelés. Ici la superstition est bien excusable. Que craint-on ? Si le malheur pressenti était une chimère, *on en est quitte pour la peur.*

LA CIGALE ET LA FOURMI

274. Les fables de La Fontaine, comme nous l'avons déjà dit, abondent en erreurs au point de vue zoologique, ce qui ne diminue en rien leur mérite au point de vue poétique et philosophique. En effet : quels chefs-d'œuvre que ces fables qui sont la miniature, les unes d'une *comédie* les autres d'une *tragédie !* Voilà pourquoi, à mon avis, ce classique devrait être consacré aux rhétoriciens, et non aux élèves dont l'intelligence n'est pas encore suffisamment développée pour comprendre le rapprochement que j'ai indiqué ci-dessus. Il y aurait un autre avantage. Comme avant d'entrer en rhétorique, on a suivi un cours d'histoire naturelle, on serait en état de rectifier les erreurs comme celles de la cigale et de la fourmi.

> La cigale ayant chanté
> Tout l'été,
> Se trouva fort dépourvue.
> Quand la bise fut venue.

Premièrement, la cigale ne chante pas, non plus que le grillon, le criquet, etc. Les bruits qui sont produits par ces insectes, sont toujours un bruissement produit par divers appareils, mais non par un *larynx*, organe nécessaire pour le chant.

Secondement, le poète fait vraiment trop d'honneur aux fourmis quand il les propose comme un modèle de prévoyance et d'industrie ; quand il vante leurs magasins, et ces riches provisions qu'elles amassent en été pour les besoins de l'hiver. Personne aujourd'hui n'ignore que ces fourmis n'ont besoin de rien en hiver, par la raison qu'elles dorment d'un sommeil profond pendant les six mois les plus durs de l'année ; donc elles ignorent les désagréments des gelées, des brouillards, en un mot des frimas dont l'homme ne peut s'affranchir, à moins d'imiter les voyages des hirondelles, ce qui ne va pas à la bourse de tout le monde.

Quant à vivre en république avec une constitution civile et religieuse, n'en croyons rien. Elles vivent en société ; à l'instar des pigeons et des castors, elles se bâtissent des refuges, puis s'en rapportent pour le reste à dame nature ; mais, encore une fois, la politique n'est pour rien dans leur existence.

Voici encore un détail intéressant.

Les fourmis, que l'on regarde à tort comme nuisibles à l'horticulture, sont très friandes des liquides sucrés. Aussi, les voit-on souvent caresser de leurs antennes le corps des *pucerons* (insectes très nuisibles) ; ceux-ci, sous ce contact agréable, laissent suinter une goutelette sucrée dont les fourmis se délectent. Il y a plus ; souvent elles emportent dans leurs retraites souterraines ces vaches laitières d'un nouveau genre, et les y élèvent avec soin.

Delille qui a si bien traité l'abeille, a été trop dur pour la fourmi :

> Je compare, j'oppose à l'essaim monarchique
> Ces fourmis, qui sans art, sans palais élégants,
> Habitent dans un antre et vivent en brigands.

Il n'est pas juste de dire que les fourmis sont sans arts ; la construction architecturale de leurs souterrains, prouve le contraire. Quant au reproche de brigandage, il tombe à faux. La fourmi cherche sa subsistance où elle la trouve, mais sans nous causer de dégâts. Victime d'un préjugé comme la taupe, le hérisson, le crapaud, le corbeau, le pivert, le coucou, comme je l'ai dit ailleurs, on la confond avec le *puceron*, (si nuisible à la végétation,) et les jardiniers lui attribuent des ravages auxquels elle est étrangère. Combien il importe que les professeurs, dans leurs leçons, combattent ces erreurs, ces vieux préjugés !

LES AUGURES ET LES PRÉSAGES

275. Chose digne de remarque ! les Romains, si braves en présence de l'ennemi, étaient, comme nous l'avons dit ailleurs, pusillanimes au foyer domestique. Quelles alarmes à la vue d'une souris, d'un rat, d'un blaireau, d'un oiseau de nuit !... Pourquoi ? Parce que, croyait-on, c'étaient des *présages malheureux*.

Les augures formaient chez les Romains un collège à part de prêtres chargés d'annoncer la volonté des dieux, et de prédire l'avenir.

Leurs décisions se nommaient *Auguria* basés sur ce qui suit :

1° *Les phénomènes physiques* (tonnerre, éclairs), etc.

2° *La voix et le vol des oiseaux* (l'oionoscopie).

3° *Le plus ou moins d'appétit des poulets.*

Les commandants militaires étaient tenus de s'en rapporter à un *Augure.*

L'apparition subite d'une souris obligea Fabius Maximus d'abdiquer la dictature, et le consul Flaminius d'imiter son exemple. Tite-Live était un grand observateur des augures : « *Parva sunt hæc, sed parva ista non contemnendo, majores*

nostri maximam hanc rempublicam fecerunt »,
dont la traduction est : « ce sont des minuties,
mais c'est en ne méprisant point ces minuties que
nos ancêtres ont élevé cette république à la puis-
sance et à la gloire. » Tous ne partageaient pas
l'engouement du célèbre historien latin. Cicéron,
dans un traité, en démontre la futilité. Il disait
qu'il ne savait *comment deux Augures pouvaient
se regarder sans rire*. Une bonne plaisanterie de
Caton confondit un superstitieux qui, d'un air
effaré, vint lui annoncer que pendant la nuit, les
souris avaient mangé ses souliers. « Ce serait bien
un autre prodige, lui répliqua le grave censeur,
si tes souliers avaient mangé les rats » :

> Mon ami, dit Caton, reprenez vos esprits ;
> Cet accident en soi n'a rien d'épouvantable,
> Mais si votre soulier eût rongé les souris,
> C'aurait été sans doute un prodige effroyable.

Lorsque Annibal chercha à décider le roi Prusias
à livrer bataille aux Romains, le monarque objecta
que les entrailles des victimes s'y opposaient :
« c'est-à-dire, reprit Annibal, que vous préférez
l'avis d'un foie de mouton à celui d'un vieux
général. »

Lorsque Claudius Pulcher, prêt à livrer bataille
aux Carthaginois, fit consulter les poulets et qu'on

vint lui dire qu'ils refusaient de manger. « Eh bien, répondit-il jetez-les à la mer; puisqu'ils ne veulent pas manger, il faut les faire boire. » La bataille fut livrée et perdue, et les Augures n'en eurent que plus de crédit.

Si encore on s'était borné au sang des bêtes! Celui des victimes humaines, dans certaines circonstances, n'était pas épargné. Du temps de Pline, c'est lui qui le raconte, on enterra vivants un Grec et une Grecque pour satisfaire à des Augures. Dion accuse César d'avoir fait immoler deux hommes au champ de Mars.

Virgile, Horace, Tacite, Pline le Jeune, furent des admirateurs des Augures.

L'empereur Auguste ne s'imagina-t-il pas qu'une sédition parmi les soldats de sa garde n'avait pas d'autre cause que, ce jour-là, il avait mis son soulier droit au pied gauche? Et Tycho-Braché, célèbre astronome Danois, ne tremblait-il pas à la vue d'un lièvre, le plus peureux peut-être des quadrupèdes sauvages?

Si ma mémoire ne me trompe pas, j'ai lu quelque part que le maréchal de Saxe, qui sauva la France à la bataille de Fontenoy, tremblait à la vue d'une souris.

Citerons-nous aussi les frayeurs superstitieuses causées par les *araignées* que le vulgaire, dans son ignorance, regardait comme vénimeuses (Lalande, l'astronome excentrique, n'était pas de cet avis, puisqu'il mangeait l'araignée de cave, à laquelle il trouvait un goût fort agréable, celui de noisette!) Heureusement que, dans tout cela, il y a des exceptions. En voici une qui trouve ici naturellement sa place : Un religieux de la ville du Mans, ayant aperçu, en disant la messe, une araignée tombée dans le calice, se trouva dans un singulier embarras, dans lequel il fit preuve d'une grande présence d'esprit. Comme avec la foi on se tire d'affaire, le bon curé avala l'insecte, et aussitôt les fidèles de s'attendre à le voir tomber mort. Quelle fut leur surprise et leur admiration, quand ils aperçurent le pasteur retrousser son froc (habit monacal), et leur montrer l'araignée qui lui sortait par la cuisse! Ce miracle fut consacré par l'institution d'une confrérie, à laquelle le pape Paul V accorda des indulgences qu'on appela *les indulgences de l'araignée*.

Nous avons (page 222) fait connaître la présence d'esprit avec laquelle le grand prêtre tira parti de l'*éternuement* de Thémistocle, éternuement qui, à la vielle d'une bataille décisive, pouvait être regardé comme de *mauvais augure*, d'après la *théorie des présages* alors en usage. A cet exemple, ajoutons le suivant :

Lors de son débarquement en Afrique, Scipion fait une chute, et, dans la crainte que son armée n'en vînt à interpréter cet accident d'une manière fâcheuse, il écarta la prévention en homme habile qu'il était, par ces seuls mots, prononcés d'une voix forte :

Dieu soit loué, je prends possession de l'Afrique!...

En effet, cette conquête lui valut le titre de Scipion l'Africain.

LES MATHÉMATIQUES DESSÈCHENT LE COEUR

276. Quelle abominable calomnie!... Que les mathématiques, par leur caractère sévère, nous obligent à raisonner, à écrire et à parler d'une manière brève, concise; qu'ennemies de la prolixité, elles soient une espèce d'antidote contre le verbiage, contre l'excentricité de certains discours dithyrambiques qui tournent au ridicule, cela n'est pas douteux; mais de là à la prétendue sécheresse du cœur, il y a toute la distance du pôle à l'équateur.

« La vie n'est bonne qu'à deux choses, disait

Poisson : A faire des mathématiques et à les professer. » Non, les sciences exactes n'ont pas le triste privilège d'absorber ceux qui les cultivent avec distinction, au point de les rendre étrangers aux tendres passions, aux plaisirs du cœur et aux saillies de l'esprit de société. Qui en avait plus que Fontenelle (1)? Combien je pourrais citer de mathématiciens qui ont aimé et cultivé avec succès la poésie ! Relisons, par exemple, la célèbre page en prose, écrite par Képler (2), lorsqu'il s'abandonne, avec tous les élans d'une âme ardente, d'une imagination incandescente, à la joie qui déborde de son cœur, à l'occasion de la découverte de sa troisième loi astronomique, et nous reconnaîtrons que cette prose est pleine de poésie (3).

---

(1) Avait-il le cœur desséché lorsqu'à cette question, posée *ex abrupto* : « quelle différence y a-t-il entre la femme et une pendule, » l'octogénaire répondit : » la pendule marque l'heure et madame (la dame de la maison) l'a fait oublier.

(2) Astronome allemand (1571-1630).

(3) « Déjà, depuis huit mois, j'ai vu le premier rayon de lumière; depuis trois, j'ai vu le jour; enfin, à cette heure, je vois le soleil de la plus admirable contemplation. Rien ne me retient plus, je m'abandonne à mon enthousiasme; je veux braver les mortels par l'aveu franc que j'ai dérobé les vases d'or des Egyptiens, pour en former a mon Dieu un tabernacle loin de l'Egypte idolâtre. Si l'on me pardonne, je m'en réjouis; si l'on

Parmi les savants qui ont fait de la poésie langoureuse, sentimentale, citons notre illustre Ampère (1), auquel nous devons les principes de la *télégraphie électrique*. Que pensez-vous des vers suivants?

> Vous voulez donc, belle Émilie,
> Que de Gresset ou d'Hamilton
> Dérobant le léger crayon,
> J'aille chercher dans ma folie,
> Sur les rosiers de l'Hélicon,
> S'il reste encor quelque bouton
> De tant de fleurs qu'ils ont cueillies ?
> Souvent mes tendres rêveries, etc., etc.

Puis encore :

> Que j'aime à m'égarer dans ces routes fleuries,
> Où je t'ai vue errer sous un dais de lilas;

s'irrite, je me résigne. Le sort en est jeté; j'écris mon livre. On le lira dans l'âge présent ou dans l'avenir, que m'importe ! il peut attendre son lecteur : Dieu n'a-t-il pas attendu six mille ans pour se donner un contemplateur de ses œuvres ? » Quelle fierté dans ses paroles, mais fierté légitime ! Grâce à cette *troisième loi*, une minute de calcul suffit pour connaître la distance d'une planète au soleil. Ainsi, pour *Neptune*, cette distance est 30 D; D désignant la distance de la terre au soleil :

$$D = 6366 \text{ kil.} \times 2400 \times 30.$$

(1) 1775-1836.

> Que j'aime à répéter aux nymphes attendries,
> Sur l'herbe où tu t'assis, les vers que tu chantas.
>
> . . . .
>
> Les voilà ces jasmins dont je t'avais parée ;
> Ce bouquet de troëne a touché tes cheveux, etc.

J'en ai dit assez pour prouver que les mathématiques font fleurir, au lieu de dessécher quoi que ce soit. Qu'il y ait des gens qui n'aiment pas les mathématiciens, parce que, disent-ils, ce sont des gens froids, sérieux, ennuyeux, fuyant le monde ; faisant tout par A plus B, c'est-à-dire avec poids et mesure, c'est leur affaire. Mais je doute qu'avec une pareille doctrine, ils fassent beaucoup d'adeptes.

LE DUEL

277. Un préjugé, nous l'avons vu, est souvent inoffensif, et même exceptionnellement utile (la lune rousse) ; mais il n'en est plus de même de celui dont nous allons nous occuper, et qui appartient à l'ordre moral.

Le duel est venu au monde avec le monde.

Si Abel eût résisté à son frère Caïn, il y aurait eu duel et non meurtre, fratricide. Ce qui aurait mieux valu.

Mais, dans bien des cas, le duel est un véritable assassinat. Je me bats à l'épée, je suppose, avec un individu qui passe ses journées entières à la salle d'armes, et, à peine en garde, je suis mortellement blessé ; est-ce que je n'ai pas été assassiné ? par qui ? par un misérable qui m'aura publiquement souffleté. Mais j'ai dû me battre, parce que, sans cela, j'aurais passé pour être un *lâche*. Singulière coutume !...

Quant aux conséquences de ce coup d'épée d'un assassin, la société s'en préoccupe fort peu. Le chef de la maison ayant disparu, que va devenir la veuve ? que vont devenir les enfants ? Il n'y a pas de tribunaux pour cela... Malheureuse femme ! malheureux enfants ! tirez-vous d'affaire comme vous pourrez. Oh ! je sais bien que, dans notre législation actuelle, celui qui a tué quelqu'un en duel est passible de la Cour d'assises, et qu'il peut être condamné à mort. Mais voulez-vous me dire combien MM. les jurés ont voté de fois la peine capitale ?

Pas une seule fois, alors cependant que, souvent, en police correctionnelle, on condamne à la prison ceux qui se sont battus sur la voie publique. Comme tout cela est équitable !...

Au temps de Richelieu, c'était autre chose ! Montmorency et Bouteville vont chercher la mort, l'épée à la main, et ne la trouvent pas. Eh bien! le cardinal, pour leur donner satisfaction, leur accorde ce qu'ils désirent : il les fait décapiter.

Je n'ignore pas que tout a été dit sur le duel : qu'il a été attaqué par les uns, soutenu par les autres. Je sais qu'il y a des arguments pour et des arguments contre, comme pour le *divorce*, question à l'ordre du jour.

Je sais que les belles pages philosophiques de J.-J. Rousseau sur le duel n'ont absolument rien fait. Est-ce que, par hasard, ce serait une raison pour en conclure que le dernier mot est dit sur la question, et que prêcher ainsi, c'est prêcher dans le désert?

Cette abdication serait véritablement déplorable; de cette façon, comment disparaîtraient les préjugés, encore malheureusement trop nombreux, qui pèsent sur la société?

Le duel est un usage d'autant plus révoltant que souvent, fort souvent, le bretteur, le spadassin de profession est un lâche dans toute la force du terme.

Exemple. — Un jeune pharmacien reçoit un soufflet d'un individu. Le duel est une affaire convenue pour le lendemain au bois de Boulogne.

Choisir un terrain, exhiber les armes, tout cela fut l'affaire des témoins. Déjà le duelliste, qui sent qu'il va avoir au bout de son épée un pauvre jeune homme qui ne connaît guère que le mortier, où il a pilé des médicaments, se dit en lui-même : « Son affaire ne sera par longue. » Mais ce duelliste n'avait pas prévu l'incident que voici. « Messieurs les témoins, je ne connais ni l'épée, ni le pistolet, armes très familières à mon adversaire. Comme je ne mets pas en doute que monsieur ne soit très courageux, et que, comme moi, en venant sur le terrain, il a dû faire le sacrifice de sa vie, j'ai pensé qu'en ma qualité d'offensé, nous pourrions nous battre autrement qu'on ne le fait d'habitude et que je pourrais me permettre de vous proposer une arme toute différente de celles que vous avez apportées. Regardez, je vous prie, ces deux jolies petites pilules ; une seule renferme de la *strychine;* c'est le poison le plus violent que nous autres, petits chimistes, connaissons dans nos laboratoires ; l'effet en est foudroyant ; c'est vous dire, messieurs, que vous allez avoir l'embarras d'un cadavre. — Maintenant, monsieur le bretteur, à tout seigneur, tout honneur : choisissez. »

Tout cela fut dit avec sang-froid, avec dignité. Or, qu'arriva-t-il ? Il arriva que l'homme soi-disant brave se mit à pâlir, à trébucher et à tomber évanoui dans les bras de ses deux témoins. Ainsi finit cette aventure. Bonne leçon !

Cette page était à peine achevée, que j'apprenais que M. le général de Wimpfen venait de publier, dans le journal *l'Événement*, un article contre le duel, dans lequel il s'attache à démontrer que le vrai courage n'appartient point aux duellistes de profession. Heureuse coïncidence, me suis-je dit, et j'en ai profité !

L'anecdote suivante est tellement à l'appui de ce que je viens dire, que je m'empresse de la mettre sous les yeux du lecteur :

« En Crimée, un détachement des troupes que je commandais, s'approcha imprudemment des lignes russes ; tant soit peu abrités par un repli de terrain, ces soldats hésitaient à reprendre, pour regagner nos lignes, le chemin qu'ils venaient de parcourir.

« En revenant sur leurs pas, ils s'exposaient à être balayés par le feu de la place ; en demeurant dans leur réduit, ils tombaient fatalement au pouvoir de l'ennemi. Ils ne pouvaient, de leur retraite, apercevoir un ravin, à l'abri duquel il leur était facile de se glisser pour regagner nos positions. Une prompte exécution pouvait conjurer le danger ; je résolus d'aller à eux.

« Je pris avec moi trois jeunes soldats, et un officier qui se trouvait près de moi. C'était, lui aussi, un bretteur consommé. Les braves conscrits, la mine calme et résignée, modelaient leur allure sur la mienne et me suivaient de près. Soudain, une grêle de mitraille laboure le sol autour de nous ; mes petits paysans n'ont pas bronché ; l'officier est à 80 mètres en arrière. Je lui enjoins durement de se rallier ; il me paraît prendre son élan ; une nouvelle bordée de mitraille survient. L'officier tombe, tué ou blessé ; je ne pouvais aller à lui ; je poursuis ma route, et nous arrivons sains et saufs à ceux que je voulais délivrer.

« Rentré au camp le soir, l'officier laissé en route me revint à l'esprit. J'appelle mes trois troupiers du matin : « Sauriez-vous, de nuit, parcourir la route que nous avons suivie tout à l'heure?... — Oui, mon général. — Eh bien, allez me chercher votre officier et ramenez-le mort ou vivant. — Oh ! mon général, me répondit en souriant le plus osé de la bande, ce n'est pas la peine ! — Pourquoi? — Il est au camp. — Blessé? — Que non, mon général ! Il se porte bien ! — Alors, allez lui dire que je l'attends. »

« La scène fut ce qu'elle devait être : aveux complets ; *il avait eu peur !* Perdant connaissance, il était tombé le nez dans la poussière ; il n'avait retrouvé ses sens qu'avec la fraîcheur du soir et le silence des batteries.

« — Monsieur, lui dis-je, de telles défaillances enlèvent le droit d'être insolent et ferrailleur. Vous cesserez à l'avenir vos rodomontades, où je livrerai au grand jour un manque d'énergie qui vous rend indigne de commander les soldats qui m'accompagnaient ce matin.

« A dater de ce jour, ses provocations cessèrent; il redevint un médiocre officier; depuis il a quitté l'armée. »

L'histoire du brave curé de campagne ne me déplaît pas. Elle prouve que, pour venger une injure, on n'a pas toujours besoin d'aller sur le terrain. La voici :

Souffleté en plein jour par un rustre de l'endroit, le curé le saisit au collet et lui dit : « Mon ami, Jésus-Christ a été souffleté sur les deux joues; achève donc ce que tu as commencé. « Ce qui fut dit fut fait. » Maintenant, continua le pasteur, que j'ai rempli mon devoir de chrétien, j'en ai un autre à remplir. Allons, fais comme moi. Habit bas, retrousse tes manches et défends-toi. » Comme le curé, ancien troupier, était fort, robuste et adroit, il ne lui fallut pas beaucoup de temps pour terrasser son adversaire; le pauvre diable battu, mais peu content, et tout contusionné par devant et par derrière, eut beaucoup de peine à regagner son logis, sifflé, persiflé par les témoins de cette scène qui produisit plus d'effet qu'un sermon en chaire.

Terminons cet article sur le duel par les paroles suivantes, qui furent prononcées par M. Dupin aîné, dont le nom se rattache si glorieusement à la magistrature française.

« Je me trouve engagé, dit le célèbre jurisconsulte Dupin, dans une discussion, pour soutenir la vérité de ce que je crois être mon droit ; mon contradicteur est un homme violent, doué d'une grande force corporelle ; il me frappe à la joue ; il me donne un soufflet, ce qui est, suivant les *préjugés* admis dans la société, la plus grave injure qu'un homme puisse faire à un autre homme ; si je riposte, moi, faible et chétif, je suis assuré d'être gravement maltraité, de ne sortir de la rixe qu'avec les dents brisées, peut-être un œil crevé, enfin d'être estropié pour toute ma vie. Si j'appelle mon adversaire en duel, je cours le risque d'être tué par lui ; car il sait manier l'épée et il est habile tireur au pistolet ; en sacrifiant au point d'honneur qui me commande de laver mon affront dans le sang de celui qui m'a outragé, en me battant en duel, je puis être tué, et je laisserai ma femme veuve et mes enfants sans soutien, voués à la misère et condamnés à la mort lente par la faim !... Le résultat du duel aura été, dans le cas actuel, le triomphe du fort sur le faible; et si le point d'honneur est satisfait, c'est au prix de l'existence de l'offensé. Faut-il donc que je me conforme à ce préjugé absurde, qui commande de venger une offense au risque de vouer à la misère, par suite de ma mort, les êtres de ma plus chère affection, pour une faute à laquelle eux-mêmes et moi sommes étrangers, et qui devrait incomber à celui qui m'aurait insulté? Le préjugé qui oblige l'homme qui a été offensé par un autre, qui a été souffleté, de venger son honneur par le duel est souverainement *absurde, barbare* et contraire même au but qu'on se propose; car bien souvent, c'est l'offensé qui succombe dans le duel. Et quand bien même il en serait autrement, si l'offensé a tué celui qui l'avait outragé, il a dépassé les limites de la réparation qu'il était en droit de demander; la peine de mort ne devrait pas être encourue pour un coup de la main qui avait à peine effleuré l'épiderme; en outre, la veuve de l'offenseur et ses enfants orphelins, exposés aux cruelles conséquences d'une faute qu'ils n'avaient pas commise, pourraient en droit et en équité réclamer au meurtrier l'équivalent du bien-être ou des avantages que leur procurait le défunt. Pour être logiques, ceux qui approuvent le duel devraient prendre soin des veuves et des orphelins

de ceux qui succombent dans ces combats singu-
liers, et constituer de leurs deniers un fond ou une
dotation pour les victimes du point d'honneur : et
c'est ce qui ne se fait pas.

« En résumé, réprouvons le duel comme anti-
social, comme barbare, comme stupide et féroce.
Hélas ! l'homme a trop souvent les occasions de
risquer sa vie contre les fléaux, contre des dangers
de toute sorte qui l'assiègent, sans avoir besoin de
faire montre de son courage dans des combats
fratricides, où, pour venger une injure souvent
légère, il risque de tuer un autre homme qui était
le soutien d'une famille, ou encore l'espoir d'un
grand parti, et d'une nation peut-être, comme
cela est arrivé dans plusieurs duels mémorables,
dans celui où a péri Armand Carrel, dans celui où
a succombé Dulong, deux grands citoyens qui
hélas ont sacrifié leur vie à ce détestable préjugé
sur le point d'honneur. »

Cette page était à peine composée, qu'un nouveau journal, *La Paix*, publiait un article qui
s'adapte si bien à notre sujet, que nous le reproduisons *in-extenso*.

LA LÉGISLATION DU DUEL

278. « La fatale issue d'une rencontre qui a eu lieu
dernièrement à Saint-Germain, appelle l'attention

sur un sujet dont nous parlions il y a peu de temps encore.

« Peut-être ne sera-t-il pas sans intérêt de faire un rapide historique de la législation qui existait jadis et de celle qui est aujourd'hui en vigueur, pour la répression du duel.

« Nous n'avons point à parler du duel judiciaire, — institution barbare, par laquelle, au moyen âge, on en appelait au jugement de Dieu pour découvrir la vérité. Ce genre de combat n'avait rien de commun, sinon de certaines formes, avec le duel proprement dit.

« Comme l'a fait remarquer un savant jurisconsulte, la véritable origine du duel se trouve dans les guerres privées, par lesquelles les seigneurs vidaient leurs querelles d'intérêt ou d'ambition. La répugnance des nobles à se soumettre aux décisions des gens de loi, leurs mépris pour la pratique judiciaire, les amenèrent naturellement, à adopter pour maxime et comme un point d'honneur, qu'une injure personnelle appelait une réparation, par la voix des armes.

« Pendant longtemps, les seigneurs se battirent en duel, sans entrave. Mais peu à peu le pouvoir royal s'accrut et s'affirma. Il fut interdit aux nobles de se battre sans la permission du roi ou du prince du pays, qui assignait le champ clos, au combat. Les rois présidaient souvent les duels et s'interposaient à l'occasion. Dès qu'ils jetaient leur sceptre dans l'arène, la lutte devait s'arrêter.

« En 1547, eut lieu, à Saint-Germain, le duel de la Châtaigneraie et de Jarnac qui tua son adversaire. Henri II eut un tel chagrin de la mort d'un homme qu'il aimait, qu'il jura de refuser désormais toute permission de duel.

« A partir de ce moment on ne demanda plus l'autorisation du roi, et les duels se multiplièrent.

« Sur les instances des États généraux de 1560, le chancelier de l'Hôpital rédigea l'ordonnance de 1566, qui mit le duel au rang des crimes passibles de la peine capitale. On n'en continua pas moins à se battre, sous les prétextes les plus futiles. Le fameux Bussy provoqua en duel Saint-Phal, parce que celui-ci prétendait qu'il y avait un x sur une broderie, pendant que Bussy affirmait que c'était un y. Pour cette grosse affaire, on se battit six contre six. En 1575, Queylus, Schomberg et Maugiron, favoris de Henri III, ayant été tués en duel au parc des Tournelles, ce prince renouvela son ordonnance contre le duel. Rien n'y fit. Pierre de l'Estoile évalue à environ 8000 le nombre des gentilshommes qui périrent en combat singulier, de 1589 à 1608.

« En 1602, Henri IV rendit une nouvelle ordon-

nance contre les duellistes; mais ce prince batail-
leur ne pouvait être sévère. Il se borna à expédier,
en dix-neuf ans environ, 7000 lettres de grâce.

« Sous Louis XIII, parurent successivement,
contre le duel, les déclarations de 1613, 1617,
1623, 1624 et l'édit de 1626. Ce fut le cardinal de
Richelieu qui se chargea de les faire exécuter.
Après avoir exilé et dépouillé Praslin de toutes ses
charges, il n'hésita pas à faire décapiter François
de Montmorency, comte de Boutteville, qui s'était
battu, en plein jour, avec le marquis de Beuvron.
Par la déclaration de 1634, tout duelliste devait
être pendu. Ce n'était que par grâce qu'on le déca-
pitait, s'il était gentilhomme.

« Louis XIV rendit onze édits contre les duellistes, notamment ceux de 1643, 1644, 1646,
1651, 1653, 1668, 1679, 1704 et 1711. Il parvint, sinon à faire disparaître, du moins à rendre
les duels presque rares. Par l'édit de 1668, il
ordonna que tout offensé porterait plainte devant
le corps des maréchaux, juge suprême et arbitre
souverain des affaires d'honneur. Dans les provinces, les gouverneurs ou lieutenants généraux,
devaient décider des différends. L'offenseur était
appelé à comparaître dans un délai fixé, sinon il
était déclaré déchu de son honneur et incapable de
porter les armes.

« Si l'injure touchait à l'honneur de l'offensé, l'offenseur était, pendant six ans, privé de ses charges et pensions, ou s'il n'en avait pas, le tiers de son revenu passait aux hospices. Ceux qui provoquaient en duel étaient privés, pour toujours, de leurs charges; pendant trois ans, ils étaient bannis du royaume; la moitié de leurs biens était confisquée et on rasait leurs châteaux. Enfin, si les deux combattants s'étaient tués, on faisait le procès à leur mémoire; leurs corps étaient traînés à la voirie. Quant aux témoins, ils subissaient la même peine que les provocateurs.

« Sous Louis XV, les édits tombèrent en désuétude, et l'on recommença à se battre sous les prétextes les plus insignifiants. Les femmes elles-mêmes s'en mêlèrent; le duel au pistolet de Mmes de Nesle et de Polignac fit grand bruit à la ville et à la cour.

« Louis XVI se borna à exiler, de temps à autre, les duellistes dans leurs terres.

« Sous la Révolution, les anciens édits contre les duels furent considérés comme abrogés. Un projet de loi, élaboré par le comité de législation, sous la Convention, n'aboutit à aucune mesure législative.

« Le Code civil de 1810 resta muet sur le duel. Pendant de longues années, sauf de très rares exceptions, il n'y eut pas de poursuites exercées contre les duellistes, ou les poursuites, ainsi que les jugements, furent annulés par onze arrêts de la cour de cassation, dont trois rendus, toutes chambres réunies, sous la présidence du garde des sceaux.

« Tout à coup, le 22 juin 1837, sur les conclusions du procureur général Dupin, cette même Cour de cassation adopta une jurisprudence toute nouvelle qui depuis a prévalu. Le duel a été placé sous l'empire du droit ordinaire.

« En vertu du code criminel, on a déféré le duel au tribunal correctionnel, en cas de blessure légère; et au jury, dans le cas de blessure grave ou mortelle.

« Qu'en est-il résulté? C'est que dans le premier cas, la magistrature a invariablement condamné le provocateur qui avait recherché le duel et le témoin qui avait voulu l'empêcher; tandis que dans le second cas, le jury ne voulant pas assimiler le duel à un assassinat, lorsqu'il y a eu mort d'homme, a constamment prononcé un acquittement, à moins que le combat n'eût été déloyal.

« D'où il suit, avec la jurisprudence actuelle, qu'il vaut mieux, pour un duelliste, tuer son adversaire que de le blesser légèrement.

« Depuis cette époque, divers projets de loi ont

été présentés pour modifier la législation des duels. En 1849, M. Gavini en présenta un premier; M. Reuilly, un second; M. Bouzique, un troisième; en 1850, MM. Laboulaye et Cunin-Gridaine en élaborèrent un quatrième. Ces projets furent soumis à une commission qui eut pour président et rapporteur le savant M. Valette. Mais le coup d'État de 1851 empêcha que le projet de loi, préparé par cette commission, ne fût soumis aux délibérations de l'Assemblée législative.

« La jurisprudence de 1837 n'a cessé de rester en vigueur. Le jury a continué à acquitter et le tribunal correctionnel à condamner. Les duels, loin de devenir plus rares, se sont multipliés depuis les dernières années de l'empire.

« Le 2 février 1877, M. Herold, sénateur, aujourd'hui préfet de la Seine, a présenté, au Sénat, un projet de loi qui fait revivre la disposition adoptée par la commission de 1850.

« D'après ce projet, le duel est un délit, soumis à la juridiction des tribunaux correctionnels.

« Quiconque s'est battu en duel sera puni d'un emprisonnement de un mois à un an, et d'une amende de 100 à 1000 francs. L'emprisonnement sera de trois mois à trois ans et l'amende de 200 à 2000 francs pour l'auteur de blessures. Quand les blessures ont occassionné la mort, la peine sera de un an à cinq ans d'emprisonnement et de 1000 à 10000 francs d'amende. Toute provocation ou outrage, contenant une provocation, entraînera de six jours à trois mois de prison et de 100 à 1000 francs d'amende.

« Les témoins seront punis des mêmes peines, à moins qu'ils ne soient intervenus pour empêcher le duel ou pour en prévenir les fâcheux résultats. Les condamnés seront privés, pendant cinq ans, de leurs droits électoraux, et celui qui a tué son adversaire pourra être contraint à s'éloigner, pendant un an au moins et cinq ans au plus, du lieu du domicile de la personne qui a succombé.

« Telles sont les principales dispositions de ce projet, qui a été pris en considération par le Sénat, mais qui n'a point été l'objet d'un vote.

« Aurait-il pour effet de supprimer le duel? Ce n'est guère vraisemblable, tant ce préjugé est invétéré, tant il semble indéracinable. — En tous cas, il introduirait dans la jurisprudence une réforme reconnue nécessaire, et probablement il empêcherait bien des duels de fantaisie, qui n'ont aucun point de départ sérieux et dont les conséquences sont souvent déplorables.

« N'eût-on atteint que ce résultat, l'on devrait y applaudir, car les duels, motivés par des faits extrêmement graves et qu'aucun tribunal d'honneur

ne pourrait juger, ne sont qu'une exception heureusement fort rare. »

OPINION DE SISMONDI SUR LES PRÉJUGÉS

279. Le plus long et le plus remarquable article
qui ait paru sur les *préjugés* est dû à la plume
féconde de Simonde de Sismondi (célèbre historien
et publiciste contemporain). La publication de ce
morceau philosophique remarquable fit du re-
tentissement. On le trouvera *in extenso* dans le
Dictionnaire de la conversation (t. XV, p. 49).

Quoique nous ne soyons pas un docteur en
théologie, nous nous permettrons deux critiques :
« La foi et l'Église, dit l'auteur, repose sur des préjugés. — Non, monsieur, elle repose sur les faits
historiques les mieux attestés ». Ailleurs, vous
insinuez que, dans certains cas, on peut faire bon
marché de la *charité*. Nous ne saurions accepter
cette morale. La religion chrétienne prêche et
exige qu'on pardonne, même à ses bourreaux, et
elle ne cesse de prier pour eux.

RÉSUMÉ

280. L'exposé sommaire que nous avons fait des *Erreurs vulgaires et des préjugés*, renferme bien des sujets de méditation. Nous les livrons à nos lecteurs. Ces erreurs, ces préjugés étaient pour la plupart inévitables, comme nous l'avons dit plusieurs fois. Leur nombre était incalculable; et, comme il a de beaucoup diminué, il faut bien reconnaître que si l'homme est petit dans le monde matériel, il est grand dans le monde des idées. Quant aux découvertes qui sont encore à faire, que la génération présente se rassure : le sujet est loin d'être épuisé; la moisson qui reste à faire, sera abondante. Oui, répétons avec Laplace expirant : « *Ce que nous connaissons est peu de chose, ce que nous ignorons est immense.* »

SUPPLÉMENT

NOTE GÉNÉRALE ADDITIONNELLE

Nous aurions pu, à la rigueur, publier un fort volume sur les matières renfermées dans cet ouvrage. Mais nous avons cru devoir nous en tenir au choix que nous avons fait. Voici néanmoins l'indication succincte de quelques questions que l'on pourra encore étudier sous le titre de *préjugés populaires*.

1. — « *Peu importe pour l'allaitement d'un enfant que la nourrice soit saine ou malsaine; qu'elle ait beaucoup de lait cela suffit* », erreur funeste.

A ce propos, disons que le lait d'une vache phtisique, peut engendrer la phtisie chez celui qui le boit. Se méfier du lait des vaches *sédentaires* parquées à Paris dans des espèces de boutiques.

II. — « *L'âne est le symbole de la bêtise et de l'obs-tination stupide.* »

Non, la stupidité doit être attribuée à celui qui maltraite cet animal. (Voir, au besoin, ce que j'ai écrit en faveur de ce quadrupède calomnié, dans mon petit livre : *l'Asile et l'école*, publié par la librairie Delalain.)

III. — « *Les années* CLIMATÉRIQUES *qui reviennent après un certain temps sont de très mauvaises années, surtout les septenaires.* »

Ce préjugé est contredit par les faits d'observation.

IV. — « *L'habitude de bercer les enfants est-elle bonne ou mauvaise?* »

En général, mauvaise. Le sommeil est tellement *naturel* chez l'enfant, que le bercement est inutile (les mouvements brusques peuvent être dangereux).

V. — « *Ne prenez pas de bains pendant la* CANICULE (de fin juillet à fin août) : *ils sont malsains.* »

C'est tout le contraire.

VI. — « *L'intérieur du corps de l'homme est en tout semblable à celui du cochon.* »

L'anatomie prouve le contraire.

VII. — *« Est-il vrai de dire que le corset fait plus de ravage chez les femmes que la guerre chez les hommes? »*

Les uns disent oui, les autres disent non. Ce qu'il y a de certain, c'est que : un corset qui comprime trop la taille d'une jeune fille, peut la rendre *poitrinaire.*

VIII. — *« Un contre-poison universel existe-t-il?*

Les ignorants, et surtout les charlatans, disent oui ; quant à nous, disons *non*, et cela dans l'intérêt de l'humanité.

IX. — *« Les trois mots : Endémie, épidémie, contagion, sont-ils synonymes? »*

Généralement on dit oui, et l'on a tort.

X. — « Le mot PARATONNERRE *est-il exact? »*

Non, puisque ce n'est pas le tonnerre qui tombe, comme nous l'avons expliqué dans le texte. L'expression *parafoudre* serait plus exacte, mais elle n'est pas dans le dictionnaire. (C'est la réponse à la note indiquée page 522.)

XI. — *« L'emmaillotement des enfants nouveau-nés peut-il être dangereux? »*

Oui ; la compression des os qui sont encore sans consistance, peut causer des difformités.

XII. — « *Les bossus ont-ils plus d'esprit que ceux qui n'ont pas cette difformité ?* »

Non.

XIII. — « *La* MÉDECINE PRÉVENTIVE, *consistant à se traiter, en état de santé, pour la maladie à venir, est-elle une bonne chose ?* »

A de rares exceptions près, cette médecine anticipée est très mauvaise.

XIV. — « *Doit-on sauver une personne qui, pour se suicider, s'est pendue, et qui respire encore ? ou faut-il attendre l'arrivée du représentant de l'autorité ?* »

Coupez bien vite la corde ; les poursuites judiciaires ne sont nullement à craindre.

XV. — « *Le plomb est le plus lourd des métaux.* »

Faux. Le mercure pèse 13 fois plus que l'eau, l'or 19 fois, le platine 22 fois, alors que le plomb ne pèse que 11 fois.

XVI. — « *Les mots rêve, songe, sont-ils synonymes ?* »

Non.

XVII. — « *La rosée tombe-t-elle sur le sol comme la pluie ?* »

Non.

XVIII. — « *Le somnambulisme est-il une maladie ?* »

Oui, c'est une névrose ou maladie nerveuse.

XIX. — « *La petite vérole est une maladie bienfaisante ; donc plus de vaccine, disent certaines gens.* » *Est-ce vrai ?*

C'est tout ce qu'il y a de plus faux et de plus funeste. Donc la vaccine ; mais comme son action préservatrice n'est pas illimitée, il sera prudent de renouveler l'opération.

XX. — « *La charcuterie est-elle une viande saine ?* »

Oui, si on n'en abuse pas. Les viandes de bœuf, de vache, de mouton, sont de beaucoup préférables.

NOTE
SUR LES NOMBRES DITS CABALISTIQUES (1)

Comment trouvez-vous ce monsieur, qui voulait absolument me prouver, par les additions suivantes, que le *second empire* était écrit dans les décrets de la Providence?

$$
\begin{array}{r}
1769 \ (1) \\
23 \\
\hline
1792 \\
19 \\
\hline
1811 \\
11 \\
\hline
1822 \\
13 \\
\hline
1835 \\
17 \\
\hline
1852 \ (2)
\end{array}
$$

Nota. — Les nombres 23, 19, 11, 13, 17, proviennent de la somme des chiffres des cinq dates.

---

(1) Date de la naissance de Napoléon Ier.
(2) Date du commencement du règne de Napoléon III. Donc, 1852 étant un corollaire de 1769, un Napoléon devait succéder à Napoléon. Ceci est absurde. Pas de *science occulte*, je vous prie; sur ce terrain, nous ne pourrions nous entendre, malgré tout le respect que j'ai pour les nombres.

NOTE SUR LE PROBLÈME DES DENTS

I. — Il y *aurait* à recevoir pour les 32 dents :

$$2 + 2^2 + 2^3 \ldots + 2^{32} = \frac{2^{33} - 2}{2 - 1} = 8\ 589\ 934\ 590\ \text{fr.}$$

II. — Il y *aura* à recevoir pour les 19 dents :

$$2 + 2^2 + 2^3 + \ldots + 2^{19} = \frac{2^{20} - 4}{2 - 1} = 1\ 048\ 574\ \text{fr.}$$

III. — Il y *aura* à payer pour les 13 dents :

$$3 + 3^2 + 3^3 + \ldots + 3^{13} = \frac{3^{14} - 3}{3 - 1} = 2\ 391\ 483\ \text{fr.}$$

Le vieux *redevra* pour solde : 1 342 909 francs.

Heureux a été le dentiste qui a encaissé pareille somme !...

LE CRITIQUE CRITIQUÉ

(G). (Initiale de *Guilloud* : celui qui me critique.) Il faut réduire les tiers et les quarts en parties de même grandeur. — Oui, parce qu'il s'agit de *mesurer*; mais s'il ne s'agissait que de *compter* sans mesurer, cela ne serait pas nécessaire : *deux* tiers et *trois* quarts font *cinq* parties de l'unité, mais elles ne sont pas de même grandeur. De même, s'il ne s'agit que de *compter* : 2 mètres et 3 mètres carrés, cela fait 5; par exemple je vous ai vendu 5 articles; trois bâtons de 1 mètre et deux feuilles de 1 mètre carré.

(T). Cela ne détruit en rien mon objection; je ne puis admettre que l'on enseigne aux enfants qu'on ne peut compter que des choses de même espèce. Je ne puis admettre que : 2 pommes d'une certaine espèce et 3 pommes d'un autre espèce, ne font pas 5 pommes. Je ne puis admettre que 2 pommes et 3 poires ne font pas 5 fruits; oui, je prétends que, dans la pratique, on peut toujours ajouter et soustraire les nombres qui désignent des choses de même nom. Quant à dire à l'enfant que 2 mètres linéaires et 3 mètres carrés font 5, je m'en garderai bien. Pourquoi ? Parce que dans la pratique, il n'y a pas moyen de rapporter ces deux et trois à la même *dénomination*.

(G). Un *nombre* est un *assemblage*... Le mot est synonyme ; s'il ne l'était pas, la définition serait fausse : j'énonce un mot familier pour donner l'idée d'une chose qui l'est moins.

(T). Ce que vous dites là est en partie vraie ; mais cela ne justifie pas la définition que je n'admets pas au début de l'arithmétique à savoir que : un nombre est le rapport d'une grandeur à son unité.

Je dis en partie vraie parce que votre définition ne s'applique qu'au cas où le nombre est tout formé : assemblage d'hommes ; assemblage d'arbres ; assemblage d'étoiles, etc., etc. Mais l'horloge du village sonne l'heure quand il est midi ; je compte successivement jusqu'à *douze ;* où est ici l'assemblage ? la réunion ? je persiste à dire, avec Pascal, que la définition à *priori* du nombre est chose impossible. D'ailleurs, cette définition pour le moment, c'est-à-dire dès la première leçon, est chose inutile. Contentons-nous d'abord de ce qu'on appelle les *idées premières*, celles dont nous sommes redevables à nos facultés naturelles.

(G). *Allez en avant et la Foi viendra.* Mauvais principe : il n'est pas possible de croire sans comprendre.

(T). Ce précepte n'est pas de moi ; il appartient à d'Alembert. Un jour il arrive qu'un étudiant se plaignait en présence du philosophe du découragement qu'il éprouvait parce que, dès le commencement il ne comprenait pas les *définitions* dont on surchargeait sa mémoire. Que lui dit d'Alembert ? Allez en avant et vous verrez disparaître en quelque sorte d'elles-mêmes les difficultés qui aujourd'hui vous arrêtent. Le conseil était sage.

(G). Lorsque j'entends dire : un *nombre concret* n'est pas un nombre, il me semble entendre dire qu'un mètre de drap n'est pas un mètre. Moi, je dis qu'un nombre abstrait n'est pas un nombre. Ce n'est qu'un mot qui, joint à un autre mot, sert à désigner un nombre (les auteurs qui ont considéré les nombres comme nécessairement abstraits, n'ont jamais dit pourquoi). Mais les procédés du calcul sont presque tous les mêmes, quelles que soient les unités qui composent les nombres; c'est pour cela qu'on peut en faire *abstraction*, c'est-à-dire enseigner et apprendre l'arithmétique presque entière sur les nombres *abstraits*.

(T). Je ne puis vous accorder l'existence du nombre concret. L'enseignement secondaire est fort heureusement affranchi de cet être imaginaire. L'épuration finira par gagner l'enseignement primaire. En ce qui concerne la qualification de nombre abstrait, nous sommes d'accord. Dieu merci! j'ai fini par renoncer à la classification des nombres en abstraits et en concrets, et je m'en trouve bien.

(G). C'est une erreur de dire que *jamais* les quantités elles-mêmes ne sont soumises au calcul. Lorsque je veux trouver le rapport de deux lignes, je *retranche* la plus petite de la plus grande, puis le reste de la plus petite, etc. Il y a, dans cette série d'opérations des multiplications, des additions, etc.

(T). Ce n'est pas ainsi que je me suis exprimé. Sont-ce les grandeurs ou les nombres qui les représentent qui entrent dans les calculs *numériques* (je ne parle pas de la géométrie)? Réponse : Ce sont les nombres. Pour l'astronome, sont-ce les nombres ou les astres qui entrent dans ses calculs? Question du même genre pour le physicien, le chimiste...

(G). Le mot *rapport* ne peut pas servir à définir le mot *nombre*. Ces deux mots ne sont pas synonymes. Un rapport est toujours un nombre abstrait que...

(T) Je persiste dans mon idée à savoir qu'il arrive un moment, en arithmétique, à propos des proportions, où l'on peut dire qu'un nombre est un rapport.

(G). Le mot *insignificatif* ne veut pas dire insignifiant ; mais il n'est pas français, voilà tout.

(T) Ma critique ne porte pas sur ce que le mot n'est pas dans le dictionnaire de l'Académie, mais bien sur ce que les auteurs qui l'ont employé l'ont présenté à ce point de vue qu'il est *insignifiant*, parce qu'il n'a pas de valeur par lui-même.

(G). On ne peut pas se passer du *zéro ;* on peut si bien s'en passer que les Grecs ne l'employaient pas.

(T). Soit, mais il faut pour cela se reporter aux calendes grecques ; c'est un peu vieux. Je parle de l'arithmétique pratique, et *non de l'arithmétique* fantastique.

(G). Le *zéro* marque la place des ordres d'unités qui

manquent dans l'*écriture*. C'est dans le *nombre* qu'elles manquent, et c'est pour cela qu'on marque leur place dans l'écriture.

(T). Je suis de votre avis, mais j'insiste sur ce que le zéro a bien d'autres emplois que celui d'être un *bouche-trou* comme disent trivialement les élèves.

(G). Quant à la *multiplication*, je suis entièrement de votre avis. Oui, le simple doit toujours précéder le compliqué. Le facile doit précéder le difficile. Les idées générales ne se forment dans l'esprit humain qu'au moyen des idées particulières antérieurement acquises. Quelle que soit la définition plus ou moins compliquée qu'on expose à un commençant, il y attachera toujours une idée de *répétition*, et je dis plus c'est qu'*elle est toujours une répétition*. Quant à l'expression *former avec*, elle n'exprime rien de précis.

Soit 7 $\times$ 3.

Comment 3 est-il formé avec 1 ? Réponse : en lui ajoutant 2. Comment multiplier 7 par 3 ? Réponse : en lui ajoutant 2 ; donc 3 fois 7 font 9, ce qui est faux.

La définition : faire subir à,.. est encore plus mauvaise.

Moi, je dis, lorsque je suis arrivé aux fractions :

Multiplier un nombre par un autre, c'est *répéter* une partie aliquote du premier autant de fois que cette même partie aliquote de l'unité est contenue dans le second.

Exemple : Multiplier un nombre quel qu'il soit par $\frac{3}{7}$, c'est répéter trois fois le septième de ce nombre.

Et cette définition ne contredit pas celle qu'on a donnée pour les nombres entiers, mais la généralise, car l'unité peut être considérée comme une partie aliquote d'elle-même, puisqu'elle y est contenue une fois juste.

(T). Du moment que (G) m'approuve, je remercie et je continue.

(G). A propos du *point décimal*, **Ougtred**, mathématicien qui, le premier a écrit les fractions décimales sous forme entière, employait le point. Les Anglais l'employaient notamment dans le *Montréal*. En France, on a toujours préféré la virgule, parce qu'on emploie le point comme signe de multiplication.

(T) Je doute que Ougtred soit le premier qui ait écrit les nombres décimaux. Mais nous sommes du même avis : le *point* doit être employé comme signe de *multiplication* et non de *séparation*.

(G). On n'a pas mesuré les 90° de l'équateur au pôle par la raison qu'il y a des *neiges* à ce pôle. Vous avez bien fait de relever cette erreur. Le pôle n'est pas abordable, mais ce n'est pas la seule cause pour laquelle on n'a pas mesuré les 90 degrés terrestres.

(G). Vous avez bien fait aussi de relever l'erreur d'après laquelle il est dit que : on a fait dépendre le mètre de la mesure du petit arc d'Espagne, de Barcolone à l'île de Formentera. L'auteur qui a dit cela s'est étrangement trompé.

(G). Le problème des dents est un problème *ridicule*. Ce genre de questions n'est plus à la mode.

NOTE SUR LA SALAMANDRE

Loin d'être vénimeuse et méchante, comme le prétendent certains auteurs, la salamandre est, au contraire, d'un naturel doux et innocent; il est très difficile de la mettre en colère; on l'irrite en vain, jamais elle ne mord. M. de Maupertuis a constaté que ses dents sont incapables de blesser. A force de persévérance, il parvint à faire mordre un chien à la lèvre et un dindon à la langue. Les deux animaux ne s'en trouvèrent nullement incommodés. Il y a plus, le coq d'Inde avala une petite salmandre tout entière, et la digéra à merveille.

NOTE SUR LES PUNAISES

Les punaises, les Chartreux et les Capucins. Les *Chartreux* passaient pour les plus soigneux des moines, à tel point que les *punaises* ne pénétraient jamais dans leurs cellules, alors que, disait-on, elles vivaient familièrement avec les *Capucins*, par suite de leur peu de propreté. De mauvais plaisants avaient même composé une formule de *Benedicite*, dont les paroles étaient : *Benedicite, Domine, animalia pusilla cum magnis.*

Le temps a fait justice de toutes ces erreurs. Les cellules des Chartreux ne sont pas plus exemptes de punaises que celles des Capucins, si les uns et les autres ne prennent pas des mesures de destruction, concernant ces hôtes fort incommodes.

LES SANGSUES

Les vraies sangsues sont composées de quatre-vingt-quinze anneaux. Leur bouche est formée de trois mâchoires cartilagineuses ; ce sont des lamelles lenticulaires à bord denticulé en scie, implantées longitudinalement dans une fossette du fond de la bouche, une en haut, deux en bas. Pour faire son *entaille* dans la chair, la sangsue applique sur la peau sa ventouse antérieure, fait entrer dans sa bouche, par succion, un petit mamelon et l'incise avec ses mâchoires. La blessure qui en résulte à la forme d'une étoile à trois branches.

A une certaine époque, on faisait une consommation de sangsues à laquelle la spéculation n'était pas étrangère. Aujourd'hui, on est revenu de cet engouement pour pratiquer la saignée capillaire. Les achats de sangsues dans les hôpitaux ont énormément diminué. Toutefois, il est bon comme prévoyance hygiénique, d'en avoir un certain nombre dans un bocal, surtout à la campagne.

NOTE SUR LA GALE

La *gale* est une maladie de la peau, fort désagréable, mais peu rebelle à la médecine. Cette affection est tout accidentelle; une fois guérie, elle ne se reproduit point, et ne laisse aucune trace visible, outre que le sang n'en conserve aucun levain.

Il importe de savoir, que cette maladie est contagieuse. Ainsi, le commandant Bonaparte en fut atteint en saisissant le refouloir d'un brave canonnier, tué sous ses yeux au siège de Toulon. Il n'en devint pas moins, plus tard, Empereur des Français, ce qui prouve que cette affection ne compromet pas le cerveau.

NOTE SUR L'ÉTERNUEMENT (1)

Au moment de mettre sous presse, nous lisons dans un journal (*le Soleil*) un article fort intéressant, qui vient à l'appui de ce que nous avons dit page 220. Nous le reproduisons in extenso.

Nous trouvons, dans le *Courrier de Vaugelas* (2), un article sur le fameux *Dieu vous bénisse!* qu'il est d'usage d'adresser aux personnes qui viennent d'être prises d'un éternuement.

---

(1) Éternument. — Il y en a même qui écrivent, éternûment.

(2) Rédigé et publié à Paris, par mon bon et excellent ami Eman Martin, dont la vaste érudition nous rappelle celle de Vaugelas, grammairien (1585-1660), l'un des premiers membres de l'Académie française, qui dirigea les travaux du *Dictionnaire* (1638).

« Le savant anglais Tylor a étudié l'origine de cette coutume, de la salutation au moment de l'éternuement ; et, comme il l'indique avec raison, pour comprendre les divers usages qui se rattachent à l'éternuement, il faut se reporter à une doctrine fort répandue chez les races inférieures, où, de même que l'on regarde l'âme comme entrant dans le corps de l'homme ou en sortant, de même les autres esprits sont supposés pénétrer dans le corps des malades et les posséder. Tels sont les Zoulous, qui croient fermement que les esprits voltigent autour d'eux pour leur bonheur ou leur malheur, selon le cas, et s'introduisent dans leur corps, en y déterminant des maladies. D'après Callaway, un Zoulou a-t-il éternué : « Maintenant, je suis béni, dit-il ; l'esprit est avec moi, il est venu à moi. »

« Pinkerton, d'après Bosman, dit qu'au siècle dernier, en Guinée, si un personnage important éternuait, tous ceux qui se trouvaient près de lui s'inclinaient en lui adressant toutes sortes de vœux.

« D'après Burton, les nègres du Calabar, au contraire, repoussent celui qui a éternué comme un être malfaisant.

« Pétronne mentionne le mot *Salve!* adressé à celui qui éternue. Pline le mentionne également au sujet de Tibère. Aristote rapporte que le peuple considérait l'éternuement comme un acte divin.

« D'après Ward, à l'Hindou qui éternue, on dit : « Vie. — Avec vous, » répond-il.

Tobim chayim, « Bonne vie », disent les juifs.

Gloire à Allah, disent les musulmans.

Wæs hœl « Portez-vous bien », disait-on au moyen âge.

« Que conclure de tout cela, si ce n'est que l'éternuement, de même que le bâillement, est une des nombreuses réminiscences des croyances primitives, parvenues et conservées jusqu'à nous. »

NOTE SUR L'ASPHYXIE PAR LE FROID

Le froid excessif peut causer un engourdissement léthargique, souvent suivi de mort.

Quand, par un froid rigoureux, on est forcé de faire une longue course, il faut, après s'être bien vêtu, bien chaussé, se résoudre à marcher constamment sans s'arrêter, jusqu'à ce que l'on trouve une habitation où l'on puisse se reposer. Dans aucun cas, il ne faut combattre le froid par la chaleur du feu, lorsque ce froid a été assez intense pour occasionner une asphyxie frigorifique, sous peine d'occasionner une mort instantanée. Voici un fait tout récent à signaler, et qui a quelque rapport avec ce qui précède. Un enfant de dix à douze ans, domicilié à Montrouge (Seine), se rendant à l'école avec un froid de 19 degrés au-dessous

16.

de zéro, eut la singulière idée d'appliquer sa langue sur un des barreaux carrés d'une grille de fer. Aussitôt, il se sentit retenu et poussa des cris affreux : il était pris par la langue. On s'apprêtait à le retirer de là avec de l'*eau chaude*, lorsqu'un passant mieux avisé, plus instruit, se contenta de chauffer avec son haleine la partie de la grille où l'enfant était comme attaché, et de cette façon il lui rendit sa liberté, mais non sans une érosion qui remplissait sa bouche de sang.

NOTE SUR LA CORDE DE PENDU

Des prétendus magiciens ont considéré la *corde de pendu*, comme un précieux talisman· contre les maladies, en un mot, comme un porte-bonheur : « *Avoir de la corde de pendu* » est encore une expression proverbiale dont on se sert pour indiquer un bonheur constant, persévérant, au jeu ou ailleurs. Quelle vertu peut avoir la ficelle qui a serré le col d'un scélérat, au moment où il va être *lancé dans l'éternité?* Mais l'ignorance et la superstition ne raisonnent pas. Toutefois, je ne partage point l'opinion de Scaliger, qui, dans son extrême sévérité, émet l'opinion que ceux qui ont recours à la corde de pendu, mériteraient qu'elle servît à leur supplice.

A propos de *pendu*, un fait bien surprenant vient de se produire à l'étranger.

Au moment où le prétendu cadavre d'un supplicié par la pendaison allait être soumis aux expériences d'*électricité*, devenues à la mode, ce cadavre a donné *signe de vie*. La mort n'était qu'apparente, parce que le bourreau n'avait pas brisé la colonne vertébrale du pendu. Grâcié et revenu à la santé, l'individu pourra peut-être donner quelques renseignements sur les effets physiologiques de ce genre de supplice.

NOTE SUR LE DINDON

J'ai été fort surpris d'apprendre que dans certaines localités le *dindon* était appelé *jésuite*. Comme, en ce moment, on parle beaucoup des membres de la *Compagnie de Jésus*, je me suis demandé si c'était, par ironie, que les deux mots ci-dessus étaient pris l'un pour l'autre. Eh bien, c'est par *reconnaissance*; c'est qu'en effet l'importation en France de ce précieux gallinacé, si recherché pour sa chair alimentaire, est due à un Père Jésuite. Ceci me rappelle que c'est encore à un Jésuite que nous devons l'importation du *camellia*. Faut-il ajouter que c'est à des Jésuites que nous connaissons la géographie et l'histoire de la Chine, de ce prétendu Céleste Empire, qui, autrefois, fut fatal à nos courageux missionnaires, morts en martyrs, dans leurs prédications évangéliques?

NOTE SUR LA BOITE DE PANDORE

Pourquoi dit-on d'une manière absolue que cette fameuse boite ne renfermait que des *maux*, puisqu'au fond se trouvait *l'espérance*, comme si l'espérance n'était pas la consolation des malheureux?

NOTE SUR LOUIS IX, DIT SAINT LOUIS

D'après un ouvrage très recommandable : *Monuments de la Monarchie*, par le P. Montfaucon, Louis IX, dit saint Louis, est né à la Neuville-en-Haye, dans le Beauvoisis. Un jour, il arriva que Blanche de Castille apprit que, à l'église de Poissy et ailleurs, les habitants ne sonnaient plus les cloches, dans la crainte de la fatiguer au moment où elle allait devenir mère. C'est ce qui la décida, en faveur du carillon, à aller faire ses couches dans un château situé à une certaine distance de la ville.

Au reste, Louis XI et Henri IV, dans trois chartes différentes, donnèrent exemption de tailles et d'impôts aux habitants de la Neuville-en-Haye, dans le Beauvoisis, en considération de ce que saint Louis était né dans cette localité. Voilà qui est concluant. Mais, dira-t-on, les vitrines d'une *chapelle* de l'église de Poissy représentent l'accouchement de la reine Blanche avec la quatrain suivant :

> Saint Louis fut un enfant de Poissy
> Et baptisé en la présente église ;
> Les fonts en sont gardés encore ici,
> Et honorés comme relique exquise.

Mais cette inscription qui n'appartient qu'au seizième siècle, ne saurait faire autorité.

(Extrait d'une brochure publiée par M. Duchemin, le savant ingénieur auquel notre marine est redevable d'une boussole perfectionnée.)

TABLEAU RÉSUMÉ

DE QUELQUES-UNES DES VÉRITÉS RENFERMÉES
DANS L'OUVRAGE (1)

I. — GRAMMAIRE.

1. La *grammaire* est la *science* du langage.

2. Le *nom propre* est celui... page 3.

3. Il y a *deux* espèces de noms; le nom *propre* et le nom *commun*.

4. Les *quatre* espèces de substantifs : le substantif *propre* et le substantif *commun;* le substantif *composé* et le substantif *collectif*.

5. L'adjectif *démonstratif* sert à *montrer* et non à *démontrer*.

6. Le *pronom* est un mot qui, le plus souvent, tient la place du nom.

7. Le *verbe* ne marque pas toujours l'*affirmation*.

8. Le verbe *pronominal* est celui dont le sujet et le complément représentent le même individu.

9. Cela ressortit *à* tel ministère.

10. Les livres servent à autre chose *que* l'amusement.

11. Il monta dans *un* remise.

---

(1) Ici, nous laissons de côté les fautes que ces vérités rectifient.

12. Elle est venue sur *le* midi.
13. Il *s'endort* sur ses lauriers.
14. Manifester sa *joie*.
15. Il ne désire *rien de moins* que de réussir.
16. Ils se sont enfuis, *afin* d'échapper à la justice.
17. Ils se *tueront* réciproquement.
18. Je vous plains plus que vous *ne* m'outragez.
19. J'ai arraché *une* perce-neige.
20. Il fréquente les villes *d'eaux*.
21. Les peines qu'on vient d'*édicter* contre la presse.
22. J'irai chez lui, à moins qu'il *ne* vienne.
23. Il se fait blanc de son épée.
24. Il vaut mieux s'y prendre ainsi.
25. Je ne vous dis pas adieu, mais *au revoir*.
26. Il *alla* à tel endroit.
27. Saigner *du* nez.
28. Il *alla* jusqu'à Rome.
29. *Atteindre* un but.
30. Tourner comme un *talon*.
31. Un *vésicatoire*.
32. *Une* armoire.
33. *Un* astérique.
34. Une angine *couenneuse*.
35. La grande duchesse *douairière*.
36. Je reconnais que *je suis allé* trop loin.
37. Une rue *passante*.
38. Un *spahi*.
39. Un *évier*.
40. Le *quantième* du mois.
41. J'en *reviens*.
42. A la bonne *franquette*.
43. En *bandoulière*.

44. Pour ne pas *cesser* de parler.
45. *Aéronaute.*
46. Il *bruine.*
47. *Percluse.*
48. *Exclue.*
49. Salaire *rémunérateur.*
50. *Bayer* aux corneilles.
51. Je vous *fais* mes excuses.
52. Regardez quelqu'un *fixement.*
53. Il m'a *stupéfié.*
54. Aider quelqu'un, ou encore, aider *à* quelqu'un.
55. Voix *glapissante.*
56. *Saupoudrer.*
57. *Soucoupe.*
58. Il a mal agi *envers* moi.
59. Si je l'*eusse* su.
60. Ma femme ou mon fils *doit* venir avec moi.
61. Regarder *à* droite et *à* gauche.
62. Il *tira* son porte-monnaie de sa poche.
63. J'ai fini par *avoir* les renseignements...
64. Il faudrait que vous *vinssiez.*
65. On m'a dit que vous *irez.*
66. C'est l'homme que j'estime *le plus.*
67. De crainte qu'il *ne* vienne.
68. *Réchapper* d'une maladie.
69. Demander à *cor* et à *cri.*
70. Occupez-vous *tout de suite* de cette affaire.
71. *Dégraffer.*
72. Méditer *sur* les moyens de nuire.
73. Je *lui ai* rappelé.
74. Ils se *revêtent.* — *Revêtant.*
75. Je *vais* vous parler.

76. Aussitôt *après* mon arrivée.
77. Emploi *important*.
78. Un *strapontin*.
79. Oui, je *me le* rappelle.

II. — ARITHMÉTIQUE.

80. On peut compter des *objets très différents*, mais ayant une qualité commune.

81. Le nombre *concret* n'existe pas.

82. Le zéro n'est jamais un chiffre *insignificatif* (c'est-à-dire insignifiant).

83. On peut ajouter (soustraire) les nombres qui désignent des choses de *même nom*, de même espèce ou d'espèce différente.

84. *Multiplier*, c'est répéter.

85. *Diviser*, c'est partager (idée première de la division).

86. Il y a *raison directe* entre deux nombres lorsque, l'un augmentant ou diminuant dans un certain rapport, l'autre augmente ou diminue dans le même rapport.

87. Il y a *raison inverse* entre deux nombres lorsque l'un augmentant ou diminuant, dans un certain rapport, l'autre diminue ou augmente dans le même rapport.

88. Dans la multiplication, il y a raison directe entre le produit et l'un des deux facteurs, l'autre facteur ne changeant pas.

89. Dans la division des nombres entiers, il y a raison directe entre le dividende et le quotient complet ou complété (le diviseur ne changeant pas).

90. Dans la division des nombres entiers, il y a rai-

son inverse entre le diviseur et le quotient complet ou complété (le dividende ne changeant pas).

91. Pour avoir la longueur du mètre, on a mesuré les *neuf* degrés $\frac{2}{3}$ de Dunkerque à Barcelone.

92. Pour avoir la nouvelle unité de poids, on a pesé dans l'air et dans l'eau un décimètre cube d'eau, puis on a fait les corrections nécessaires.

93. *L'are* est un décamètre carré ou son équivalent.

93 *bis*. Un *décimètre carré* est un carré qui a un décimètre de chaque côté.

94. Un *cube* est un solide compris sous six carrés égaux.

III. — Histoire Sainte.

94 *bis*. *Jacob* servit *Laban* pendant *sept ans*, puis épousa successivement, à *sept* jours d'intervalle, *Lia* et *Rachel*, mais, cette dernière, à la condition qu'il servirait son père encore pendant *sept ans*; ce qu'il fit.

95. *Jacob* retourna, au bout de *vingt* ans, au pays de ses pères, en Chanaan.

96. Le *Pharaon d'Egypte*, dans sa guerre contre les Juifs, ne périt pas dans les eaux de la mer Rouge.

97. *Saint Jean l'Evangéliste* est mort à quatre-vingt-quatorze ans, l'an cent de l'ère chrétienne.

IV. — Histoire de France.

98. *Charlemagne* n'a jamais été empereur d'Allemagne.

99. Il n'est pas prouvé que *Roland* ait été le neveu de Charlemagne.

100. Il n'est pas prouvé que *Louis IX*, dit saint Louis, soit *né* à Poissy.

100 *bis*. *Etienne Marcel* était prévôt des marchands, et non prévôt de Paris.

101. *Voltaire* est né à Châtenay près de Sceaux, et non à Paris.

102. Il n'est pas prouvé que le Verdun cité à l'occasion du traité de 843, soit le Verdun *Meuse*.

103. Le traité de Brétigny (1360), village situé dans la Beauce, près de Chartres.

V. — Erreurs scolaires rectifiées.

104. Les *quatre* ailes de *l'abeille*.

105. *L'écrevisse*, crustacé, d'une couleur verte, ne marche pas seulement à reculons.

106. La *baleine* est un mammifère cétacé.

107. La *chauve-souris* est un mammifère.

108. La *salamandre* est combustible.

109. La *salamandre* n'est pas venimeuse.

110. La *morsure* de la *vipère*.

111. La *piqûre* de la *puce*.

112. La *piqûre* du *pou*.

113. La *piqûre* de la *punaise*.

114. L'*entaille* de la *sangsue*.

115. Le *loir* habite les bois, et le *lérot* les jardins.

116. La *vipère* est ovovivipare comme la *salamandre* terrestre.

117. La langue de la *vipère* ne lance pas de venin.

118. Le *pélican* dégorge devant ses petits les poissons contenus dans une poche suspendue à sa mâchoire inférieure.

119. La bave du crapaud n'est pas venimeuse.

120. Le cygne ne chante pas en *expirant*.

121. Le cerf et le chevreuil mortellement blessés par le chasseur ne pleurent pas en *rendant le dernier soupir*.

122. Le *ténia* n'est pas un *ver solitaire*.

123. L'estomac de l'homme est situé à la partie supérieure de l'abdomen.

124. Les animaux rampants ne sont pas toujours dépourvus de membres.

125. L'éléphant peut se coucher par terre.

126. Il y a tourterelle mâle et femelle. — Idem carpe. — Idem souris. — Idem grenouille. — Idem corneille. — Idem perruche. — Idem chouette. — Idem guenon.

127. Les *plantes* respirent l'oxygène de l'air aussi bien que l'homme et les animaux.

128. La *pomme de terre* est un *tubercule* et non une *racine*.

129. La *truffe* est un champignon et non un tubercule.

130. Le *melon* est une espèce de plante, du genre *concombre*, mais ce n'est pas un *légume*.

131. La feuille métallique qui sert à envelopper le chocolat, est une feuille d'*étain* et non de *plomb*.

132. La *plombagine* ou graphite, ne renferme pas de plomb.

133. Le *mercure*, corps simple métallique, ne renferme pas de *vif-argent*.

134. L'*hortensia*, plante à fleurs, doit son nom à Mme Hortense Lepaute, et non à la reine Hortense.

135. L'*ellébore* n'a pas la propriété de guérir la folie.

136. Le *paratonnerre* a pour objet de garantir les édifices des effets de la *foudre* mais pas de ceux du *tonnerre*.

137. *Comme l'air est lourd ! Comme le temps est lourd !* c'est le contraire de ce qu'il faudrait dire.

ERREURS VULGAIRES RECTIFIÉES

138. La semaine commence un *dimanche* et finit un *samedi*.

139. La *taupe* n'est pas, d'une manière absolue, l'ennemie de l'agriculture.

140. La *taupe* a de très petits yeux, mais elle n'est pas aveugle-né.

140. Le *hérisson* n'est pas l'ennemi du jardinier.

141. Le *pivert* n'est pas l'ennemi de l'arboriculture. Il ne perce pas les arbres de part en part.

112. Le *moineau* n'est pas, d'une manière absolue, l'ennemi de l'agriculture.

143. La *lune* n'est pas l'ennemie des végétaux.

141. La *lune rousse* n'existe que dans l'imagination des gens crédules.

115. La *lune* ne compromet pas la vue des chevaux.

116. La *lune* ne ronge pas les pierres.

147. Impossible de prédire à l'avance la pluie et le beau temps.

148. *L'astrologie* est la fille folle d'une mère sage : *l'astronomie.*

PRÉJUGÉS RECTIFIÉS

149. Les *préjugés*, ou erreurs avec une certaine apparence de vérité, sont venus au monde avec le monde. — Beaucoup ont disparu. — Il y en a encore beaucoup à faire disparaitre.

150. Les trois problèmes d'*Aristote*, et les erreurs du grand philosophe.

151. Le *diamant* n'a rien de commun avec le sang du bouc.

152. Le *verre* et la *porcelaine*, d'après les anciens.

153. *L'escarboucle*, selon les anciens.

154. La *mandragore*, selon les anciens.

155. *L'ours* n'est pas toujours mal léché.

156. Les préjugés concernant le *loup.*

157. Les préjugés concernant le *cerf.*

158. Le *phénix*, ou oiseau fabuleux.

159. Le *crapaud* calomnié.

160. Le *caméléon*, d'après les anciens.

161. *L'autruche* et son estomac.

162. Le *coucou* méconnu.

163. Les *oiseaux de nuit* avec les idées superstitieuses qui s'y rattachent.

164. Le *corbeau*, ses méfaits et ses services.

165. Les *poules* et les *coqs* : contes absurdes.

166. La *rate.*

167. Les *songes*, les *rêves* et les *cauchemards*. Citations curieuses.

168. La *rage*. — Progrès de la science.

169. Les *noyés*. — Progrès de la science.

170. Les *aliénés*. — Progrès de la science.

171. Les *comètes* : idées superstitieuses vaincues par l'astronomie.

172. Les *cloches* pendant l'orage. Citations.

173. L'*éternuement*, selon les anciens.

174. Les *treize* personnes à table. — Le vendredi, etc.

175. Encore les *abeilles*.

176. Les *pressentiments*. — Henri IV.

177. La *cigale* et la *fourmi*.

178. Les *augures* et les *présages*, d'après les anciens.

179. *Les mathématiques dessèchent le cœur*. Réfutation.

180. *Le duel*. Dissertation. Les préjugés, d'après Sismond.

FIN

TABLE DES MATIÈRES

Erratum. — Page 61, ligne 18, au lieu de *Fabboni*, lisez *Fabbroni*.

Paris. — E. de Soye et Fils, imp., pl. du Panthéon, 5.